FREI CLARÊNCIO NEOTTI

SANTO ANTÔNIO
Simpatia de Deus e do povo

EDITORA

SANTUÁRIO

Direção Editorial:	Pe. Fábio Evaristo Resende Silva, C.Ss.R.
Coordenação Editorial:	Ana Lúcia de Castro Leite
Revisão:	Viviane Sorbile
Diagramação e Capa:	Tiago Mariano da Conceição

Dados Internacionais de Catalogação na Publicação (CIP)
(Câmara Brasileira do Livro, SP, Brasil)

Neotti, Clarêncio
    Santo Antônio: simpatia de Deus e do povo / Frei Clarêncio Neotti. –
1. ed. – Aparecida, SP: Editora Santuário, 2017.

    ISBN 978-85-369-0490-0

    1. Antonio, Santo, ca.1195?-1231 2. Santos cristãos – Biografia I. Título.

17-02792   CDD-282.092

Índices para catálogo sistemático:
1. Santos: Igreja Católica: Biografia e obra 282.092

1ª impressão

Rua Pe. Claro Monteiro, 342 – 12570-000 – Aparecida-SP
Tel.: 12 3104-2000 – Televendas: 0800 - 16 00 04
www.editorasantuario.com.br
vendas@editorasantuario.com.br

Sumário

Introdução

As reflexões deste livro reproduzem sermões feitos por ocasião de Trezenas e festas de Santo Antônio. Não reproduzem exatamente, porque, embora a palavra escrita seja a mesma, quando pronunciada, toma colorido diferente. Nunca um texto escrito é igual a um texto proclamado, que tem o gesto, a tonalidade e a circunstância a enfeitá-lo, reforçá-lo e, tantas vezes, modificá-lo. Algumas reflexões saíram publicadas e foram distribuídas pelo Convento Santo Antônio do Largo da Carioca, na cidade do Rio de Janeiro. Não é um texto pretensioso. Ele quer ser informativo sobre o Santo e formativo num contexto pastoral de devoção popular. A bibliografia usada é quase toda do próprio Santo Antônio. De propósito preferi deixar falar mais o Santo e os que o conheceram, que seus intérpretes e historiadores, ainda que famosos.

Santo Antônio não deixou livros. O que temos são esquemas de sermões, escritos de forma orgânica, para jovens Frades que se iniciavam na pregação missionária. Não são os sermões que Santo Antônio pronunciou. Mesmo porque estão escritos em latim. E as testemunhas do tempo, inclusive Frades companheiros de pregação do Santo, atestam que Santo Antônio se adaptava com imensa facilidade ao público, prendendo a atenção de todos exatamente por falar das verdades da fé na linguagem deles, ou seja, usando a língua popular e não o latim eclesiástico.

A tradução dos sermões de Santo Antônio para o português devemos a Frei Henrique Pinto Rema, franciscano de Portugal. Primeiro ele editou os sermões em dois volumes grandes, bilíngues, isto é, em latim e português. Depois, publicou a mesma tradução em três volumes, em tamanho menor e encadernados, em 1988, pela Editorial Franciscana, Braga, Portugal. É desta tradução que me sirvo. E, quando dou no rodapé uma página, refere-se sempre a estes três volumes. Às vezes arredondei o texto, às vezes tirei frases do meio, às vezes troquei um vocábulo por um sinônimo, sempre em benefício da clareza oratória. A citação da página de onde provém o texto de Santo Antônio facilitará o leitor curioso ou escrupuloso a chegar ao contexto original.

Cito algumas legendas. É preciso prestar atenção ao sentido da palavra 'legenda', que nada tem a ver com 'lenda' ou coisa imaginária. 'Legenda' é uma palavra latina, um gerúndio, como dizem os gramáticos, e significa 'o que deve ser lido'. Era costume ler durante a oração coral, chamada também 'Ofício divino', uma biografia do santo que se celebrava naquele dia. Dos santos mais conhecidos havia uma biografia mais comprida e uma mais resumida, segundo o tempo de que se dispunha ou o grau de solenidade com que era celebrado o santo. Esta biografia, comprida ou curta, se chamava 'Legenda'. A legenda era lida, muitas vezes, também no refeitório, durante o almoço, ou na ceia, na véspera da festa do santo. Podemos até falar num 'estilo' específico das legendas, nem sempre histórico nem sempre documentado, sempre carregado de símbolos e de apropriações de citações das Sagradas Escrituras ou de frases adaptadas dos Santos Padres.

De Santo Antônio temos seis Legendas. Repetem os mesmos fatos ou as mesmas circunstâncias em que aconteceram os fatos e, às vezes, até com palavras muito parecidas. Todas dependem da primeira. Algumas trazem novidades, dando nomes, datas ou contando milagres e episódios ainda não narrados. No rodapé vão aparecer citadas com o título com que são conhecidas. O título é tirado ou da primeira palavra com que começa o texto, ou se prende ao nome do autor. Sua autoridade está, sobretudo, na antiguidade. São as seguintes as Legendas:

Vida Primeira, também denominada *"Legenda Assídua"*, escrita por um Frade anônimo ainda antes da canonização de Santo Antônio, acontecida no dia 30 de maio de 1232, menos de um ano depois de sua morte. Percebe-se claramente que o autor conviveu pessoalmente com o Santo. Ela está publicada no início do volume I (dos três volumes, de que falei primeiro).

Vida Segunda, ou *Vida de Santo Antônio Confessor*, escrita por Frei Juliano de Spira, antes de 1235. Frei Juliano era poeta e mestre de música. Ele compôs também o *Ofício Rítmico de Santo Antônio*, ou seja, os hinos e antífonas das vésperas, matinas, laudes e horas menores da festa do Santo. A Ordem Franciscana inteira, durante séculos, rezou esses textos na festa do dia 13 de junho. Entre eles, como um responsório, encontra-se o famoso e hoje popular "Si quæris miracula" (Se milagres tu procuras, pede-os logo a Santo Antônio...). Foi também Frei Juliano de Spira quem compôs os hinos e as antífonas para a festa de São Francisco, até hoje rezados e cantados.

Diálogo sobre as gestas de Santo Antônio, escrito por um Frade anônimo entre 1245 e 1246. Essa Legenda é conhecida por *Diálogo*. Também essa Legenda e a *Vida Segunda* e o *Ofício Rítmico*, encontram-se no começo do volume I, dos três volumes que citei atrás.

No volume II, encontramos outras duas Legendas:

Legenda Benignitas, escrita por Frei João Peckham, em torno de 1276. Já constam nessa Legenda a inauguração da Basílica de Pádua e a solene exumação dos ossos do Santo. Não resisto transcrever um trecho:

"No ano de 1263 da Encarnação do Senhor, os paduanos, inflamados de devoção para com o seu Santo, decidiram retribuir de uma forma condigna ao insigne benfeitor. Reunidos em assembleia, resolveram construir em honra dele uma igreja magnífica e grandiosa, proceder à exumação do seu corpo venerável, sepultado em campa rasa, como de pobre e mendigo, a fim de o transladarem para um monumento tumular nessa mesma igreja. Se ele durante a vida já brilhara como luz esplendorosa irradiante de um alto candelabro, era justo que agora, após a morte, se depusesse num jazigo bem alto, para poder ser dignamente venerado pelos fiéis. As veneráveis relíquias do Santo foram transferidas para a nova e grandiosa basílica na oitava da Ressurreição do Senhor, em cerimônia soleníssima, entre sons de órgãos e clangor de trombetas, retinir de címbalos e doce melodia de suaves cânticos. E pôde, então, ver-se como a sua língua, depois de trinta e dois anos sepultada na terra, ainda se conservava fresca, rubra e bela, como se o Santo tivesse expirado naquele momento" (II, p. 39-40).

Legenda Raimondina, atribuída a Frei Pedro Raymond de Saint-Romain, que a teria redigido pouco depois de 1293. O título, como se percebe, é tirado do sobrenome de Frei Pedro.

No começo do volume III, encontramos a sexta Legenda:

Legenda Rilgaldina, escrita entre 1298 e 1317 por Frei João Rigauld. Nesse mesmo volume temos também o *Livro dos Milagres*, ou "*Florinhas de Santo Antônio*". Não se sabe a data de sua redação, mas certamente é anterior a 1380. O livro recolhe os milagres e fatos prodigiosos atribuídos ao Santo em vida e depois da morte.

Essas Legendas e os outros escritos daquele século são a fonte permanente de tudo o que se sabe de Santo Antônio.

Os temas aqui refletidos são uma seleção. Bastaria lembrar os títulos e qualidades atribuídas ao Santo na Ladainha para se ter uma ideia de quantos caminhos nos poderíamos servir para refletir sobre sua vida e sua pregação. Às vezes, escolhi o tema baseado nas leituras litúrgicas ou na coincidência de grandes festas, como Pentecostes, Santíssima Trindade, Corpus Christi, com a festa do Santo. A sequência é aleatória.

O subtítulo "Simpatia de Deus e do Povo" está inspirado na expressão da *Legenda Benignitas*: "Em tudo simpático tanto a Deus quanto aos homens" (II, p. 34).

Transcrevo, no final, a Bula de canonização de Santo Antônio. Sempre que o Papa canoniza alguém, depois, é elaborado um documento oficial. Esse documento chama-se *Bula*. A Bula de canonização de Santo Antônio acaba sendo o mais antigo documento biográfico escrito sobre o Santo, dado que Santo Antônio foi canonizado menos de um ano depois de sua morte. O texto é também uma boa lição sobre os requisitos para a canonização, válidos até hoje. A tradução da Bula é de Frei Henrique Pinto Rema e se encontra no primeiro volume, p. 23-26. Acrescento ainda, pelo alto valor histórico, a Carta Apostólica de Pio XII em que Santo Antônio é proclamado Doutor da Igreja.

Em Milão, na praça em frente ao Convento franciscano de Sant'Angelo, há um monumento em mármore, em forma de grande bacia. Santo Antônio, de pé, inclinado para a bacia, tem as mãos mergulhadas na água, onde peixes coloridos brincam passando por entre os dedos do Santo.

O artista provavelmente quis esculpir o episódio da vida de Santo Antônio da pregação aos peixes. Mas eu quero ver no Santo Antônio com as mãos mergulhadas na água um outro simbolismo. A água, em todas as culturas, significa a vida, a vida humana e a vida de todas as criaturas. Porque sem água não há vida.

Ora, as mãos de Santo Antônio mergulhadas na água significam que o nosso Santo não está nos ares ou nas nuvens, mas dentro da humanidade, sentindo o nosso sofrimento, experimentando nossa angústia, vivendo nossas dificuldades. Santo Antônio é o santo do povo, o santo mais popular em todo o mundo. Nestas páginas, você vai encontrar um santo muito humano e um homem muito santo.

Gostaria de terminar esta introdução com a conclusão da *Legenda Benignitas*:

"Podes te gloriar no Senhor, ó cidade de Pádua, por ele te haver presenteado com este egrégio e santo doutor, que admiravelmente te instruiu em sagradas pregações e sermões; esse exímio taumaturgo que por incontáveis milagres e prodígios tanto contribuiu para a tua fama; esse intercessor carinhoso diante de Deus, que te honrou e cumulou de benefícios sem conta!

Exulte a península hispânica por ter sido o berço do altiloquente Antônio! Rejubile também a península itálica por ter a honra de guardar dentro de si tão precioso tesouro! Regozije-se a Igreja militante neste mundo, por ter dado à Igreja triunfante um lutador tão incansável da fé, um cavaleiro tão valoroso da religião cristã!

Alegre-se também a Ordem Franciscana, que ofereceu aos cristãos um luminar tão esplendoroso. Brilhando no mundo pela santidade de vida e pela cultura, com a ajuda da graça celeste, ele reconduziu ao caminho da salvação um sem-número de almas, arrancando-as dos atoleiros do pecado, e, por isso, agora, na glória eterna, recebe nos céus uma redobrada recompensa. Deves sentir-te extremamente reconhecida ao Senhor, ó Ordem pobrezinha dos Frades Menores, e extravasar em cânticos os seus louvores! Inundada de alegria e de gozo espiritual, louva e glorifica sem cessar o Senhor teu Deus, exalta-o e bendize-o de todo o coração, multiplica os agradecimentos à sua gloriosa majestade, mostra-te reconhecida às suas graças com uma profunda e sentida devoção" (II, p. 41-42).

1

Santo Antônio, filho apaixonado de Maria

Era a última semana de maio. Frei Antônio pregara todos os sermões da Quaresma, em Pádua, uma verdadeira missão popular, com visíveis e tantos frutos que as crônicas da cidade falam em conversão geral e início de um novo tempo para a região paduana[1]. A cidade inteira confessou-se e celebrou a Páscoa. Frei Antônio teve de continuar as pregações diárias também depois da Páscoa, até a festa de Pentecostes[2].

Antônio, cansado e doente, pediu licença para passar alguns dias no eremitério de Camposampiero, não longe da cidade. Para lá se dirigiu, nos primeiros

---

[1] Diz a Legenda *Raimondina*: "Acorrendo o povo em multidão inumerável de toda a parte para ouvir o homem santo, começou a organizar reuniões todos os dias nas diversas igrejas da cidade. Mas, como a multidão dos que acorriam superava incomparavelmente a capacidade das igrejas, o Santo transferiu-se para os lugares espaçosos dos campos. Conhecida a notícia, das cidades vizinhas, castelos e aldeias afluíam aos grupos uma multidão numerosa de pessoas de ambos os sexos para ouvir a palavra de Cristo do melífluo discurso do homem santo. Altas horas, nas trevas da noite, com os archotes acesos, procuravam antecipar-se uns aos outros, apressando o passo para encontrarem um lugar" (II, p. 75).

[2] Escreve a Legenda *Benignitas*: "No decurso de toda aquela Quaresma, e ainda depois até Pentecostes, ele distribuiu ao povo de Pádua o alimento da Palavra de Deus" (II, p. 36).

dias de junho, com um Frade companheiro, já que era costume de os Frades sempre andarem dois a dois. Foi recebido pela pequena Fraternidade do eremitério, que não pensava ter o privilégio e a dor de, no dia 13 de junho, assisti-lo em suas últimas horas na terra.

Corria o ano de 1231. Frei Antônio passou mal ao sentar--se para o almoço[3]. Os Confrades o deitaram desmaiado sobre as palhas que serviam de colchão[4]. Voltando a si, Antônio, pediu ser transportado de volta para Pádua. Não queria ser pesado à pequena Fraternidade do eremitério. Deitado num carro de boi, Antônio começou o regresso ao seu Convento de Pádua. Mas, à altura da localidade de Arcella, apresentou os primeiros sintomas da agonia. O Frade que guiava o carro preferiu parar no conventinho, onde morava o capelão do mosteiro das Irmãs Clarissas. Apenas entrado em casa, Frei Antônio pediu para confessar-se e receber a Unção dos Enfermos[5].

E então, com toda a força que lhe sobrava, entoou a antífona mariana, rezada na oração da manhã das festas de Nossa Senhora: "Ó gloriosa e excelsa Senhora,/ bem

---

[3]Conta a Legenda *Rigaldina*: "Um dia, descendo à hora da refeição para junto dos Frades, começou a sentir-se subitamente muito doente. Como a doença se agravasse cada vez mais, para não se tornar pesado aos Frades pobres daquele lugarejo, pediu para ser transportado para Pádua" (III, p. 46).

[4]Lemos na *Vida Primeira* (também chamada *Assídua*): "Tendo os Frades pegado nele, ergueu-se [Frei Antônio] da mesa e não podendo sustentar os debilitados membros do corpo, reclinou-se periclitante sobre as vides de um leito que ali estava" (I, p. 54).

[5]Lemos na Legenda *Raimondina*: "Como vissem o Santo gravemente doente, suplicaram-lhe que parasse em Arcella. Imediatamente se agravou a sua enfermidade, como o demonstravam sinais de grave sufocação. Tendo repousado por breve tempo, confessou-se e recebeu a absolvição. Logo começou a recitar o hino da bem-aventurada Virgem" (II, p. 78).

mais que o sol brilhais,/ O Deus que nos criou/ ao seio amamentais./ O que Eva destruiu/ no filho recriais./ Do céu abris a porta/ e os tristes abrigais".

A vida de Santo Antônio não foi outra coisa se não um grande testemunho da encarnação do Filho de Deus e de sua missão salvadora na terra. E, por isso mesmo, uma vida inteiramente devotada à "excelsa Senhora, que brilha mais que o sol", brilha mais que o sol, porque trouxe em seu seio o sol da santidade, Jesus Cristo, que, um dia, já homem maduro, declarou no templo de Jerusalém: "Eu sou a luz do mundo" (*Jo* 8,12).

Santo Antônio deixou escritos sete sermões dedicados expressamente às festas litúrgicas de Nossa Senhora e outros 19 trechos grandes espalhados em seus sermões dominicais, nos quais apresenta Maria como modelo de fidelidade a Deus. Diante do mistério da maternidade divina de Maria, Santo Antônio exclama:

> "Ó inestimável dignidade de Maria! Ó inefável sublimidade da graça! Ó insondável profundidade da misericórdia! (Parêntesis: *inestimável* = acima de qualquer preço, acima de qualquer grandeza, acima de qualquer medida; *inefável* = que não se pode expressar com palavras; *insondável* = maior do que a profundeza mais profunda, maior do que a altura mais alta.) Nunca tanta graça nem tanta misericórdia foi nem pôde ser concedida a um anjo ou a uma criatura humana. A Santíssima Virgem foi escolhida por Deus-Pai para ser a Mãe de seu próprio Filho, igual a ele"[6].

---

6 Sermão para a Assunção de Maria, vol. III, p. 52.

De fato, Isabel, em nome de toda a humanidade, tinha razão ao exclamar: "Bendita és tu, Maria, entre todas as mulheres" (*Lc* 1,42). E mais razão tinha a própria Virgem-Mãe ao cantar no *Magnificat*: "Grandes coisas fez em mim o Poderoso" (*Lc* 1,49).

Quando Frei Antônio começava a falar de Maria, ficava embevecido e arrebatado. Deduzo isso da leitura de seus textos sobre Maria. São quase 400 títulos diferentes que ele emprega para descrever a pessoa de Maria, sua missão, sua dignidade, seu mistério[7]. Lembro alguns: virgem, virgem gloriosa, virgem feliz, virgem pobrezinha, virgem puríssima, virgem humílima, virgem imaculada. Há um título referido a Maria que eu só encontrei em Santo Antônio: *Virgem mendicante*. Mendicantes eram chamados pelo povo os Frades, porque não tinham morada fixa e viviam dois a dois pelos caminhos, pregando o Evangelho, inteiramente desapegados dos bens materiais, da família e das honras. Antônio viu em Maria o modelo perfeito do desapego, o exemplo de quem leva apaixonadamente Jesus pelas estradas do mundo, como ela fez na Visita a Isabel, mãe de João Batista, percorrendo de Nazaré a Ain Karem uma estrada perigosa de 130 quilômetros, para levar a Isabel – o símbolo da humanidade – a primeira notícia de seu Filho bendito e dizer – como disse no *Magnificat* – que chegara o tempo dos humildes, dos famintos, dos que têm as mãos vazias de dinheiro, mas são cheios

---

[7] Vergilio Gamboso, *Espiritualidade de S. Antônio*, Editorial Franciscana, Braga, 1996, p. 81.

da misericórdia divina, da força transformadora da história. *Virgem mendicante*, elogiada por um Frade mendicante, por Frei Antônio, defensor dos pobres e dos humildes e humilhados; Antônio, amparo dos que sofrem e choram; Antônio, consolador dos aflitos e desenganados; Antônio modelo dos servos de Deus, nosso modelo, nosso santo, nosso glorioso padroeiro.

Toma, Santo Antônio, toma o nosso coração, abre-o e deposita todo o seu conteúdo aos pés da Virgem Maria (o conteúdo do nosso coração é a graça de Deus; a graça de Deus, com nossas alegrias e tristezas, nossas angústias e esperanças, nossos pecados e arrependimentos, nosso amor e nossa fé). Contigo, nosso Santo Antônio, e com as tuas palavras, queremos dizer a Maria: "(Teu) nome, Maria, é afável, teu nome é delicioso, teu nome conforta a nós pecadores, teu nome é feito de feliz esperança. Maria, nome amável para os anjos, terrível para os demônios, salutar para os pecadores, suave para os santos!"[8]. "Nós te suplicamos, Senhora nossa e nossa esperança, que ilumines com o esplendor da tua graça o nosso coração, o purifiques com o candor da tua pureza virginal, o aqueças com teu amparo materno"[9]. "Nós te suplicamos, Senhora nossa, santa Mãe de Deus, que enchas de graça celeste o vaso do nosso coração"[10].

[8]Sermão para a Anunciação, III, p. 399.
[9]Sermão para a Anunciação, III, p. 15.
[10]Sermão para a Assunção, III, p. 55.

2

Santo Antônio, servo da Mãe Imaculada

Santo Antônio não só pregou sobre a Virgem, não só morreu cantando uma antífona mariana, mas também praticou em vida as mesmas virtudes de Maria. Mais: se a grandeza de Maria provém do Menino que ela gerou, a grandeza de Santo Antônio não tem outra origem se não o mesmo Menino que ele, simbolicamente, traz ao colo.

Lucas nos conta a Visitação de Maria a Isabel (*Lc* 1,39-45). A jovem mãe, misteriosamente grávida em Nazaré, sai estrada afora, percorre mais de cem quilômetros, para encontrar-se com Isabel, grávida de João Batista. Como não nos lembrar do missionário Frei Antônio, que saía incansável pelos caminhos e vilas e roças e palácios? E para quê? Para levar – exatamente como Maria – o Cristo. Se, na história de Maria, Isabel e Zacarias simbolizam a humanidade inteira à espera do "Sol que vem dos céus para iluminar as trevas da terra" (cf. *Lc* 1,78-79), na história de Frei Antônio, as multidões eram incontáveis a ponto de haver, nas cidades, nem igreja nem praça suficientemente grande para abrigar a todos.

Maria leva a Isabel o Cristo ainda escondido em seu seio. O Papa João Paulo II, de santa memória, em sua última encíclica, publicada na Quinta-feira Santa de 2003, contempla Maria a caminho da casa de Isabel e a saúda como o primeiro sacrário da história a percorrer o mundo (*Ecclesia de Eucaristia*, 55). Frei Antônio não levou outro Deus, não levou outra coisa, não levou outra verdade ou outra alegria ao povo a não ser Jesus, o Filho de Maria; Jesus, o Filho de Deus; Jesus, o Salvador; Jesus, razão de ser de todos os privilégios e Maria.

A Virgem Maria é, sim, a obra prima de Deus, perfeita, imaculada, santíssima. Mas ela é o que é, porque é Mãe de Jesus, Filho de Deus. No Sermão que escreveu para a festa da Anunciação, Santo Antônio parte da frase do Eclesiástico: "O sol que aparece glorioso no horizonte proclama: Que coisa maravilhosa é a obra do Altíssimo Senhor" (*Eclo* 43,2). "Maria – diz o Santo – é esta obra maravilhosa do Altíssimo, porque ela pode dizer: Aquele que me criou abrigou-se na tenda do meu útero". E diz mais o Santo: "A tenda do útero de Maria é obra admirável do Filho de Deus, que fez de Maria a mais bela entre todos os mortais, a mais santa entre todos os santos. E, depois de assim fazê-la, deixou-se fazer por ela"[11].

No Sermão que preparou para o III Domingo da Quaresma, a certa altura, exclama: "Na verdade, é bendito o seio que te trouxe a ti, Deus e Filho de Deus, Senhor dos Anjos, criador do céu e da terra, redentor do mundo. Ó Querubins, ó Serafins, ó Anjos e Arcanjos,

---

[11]Sermão para a Anunciação, III, p. 9.

abaixai a cabeça, ponde vosso rosto em terra e adorai o templo do Filho de Deus, o Sacrário do Espírito Santo, o bem-aventurado ventre da Virgem Maria"[12].

Desta maternidade humana e divina da Virgem brotam todas as glórias de Maria. Nesta maternidade divina e humana de Maria nascem vigorosas todas as virtudes. "Na Virgem Maria – escreve Santo Antônio no Sermão para a festa da Apresentação de Jesus no templo – está presente de modo acentuado toda a santidade dos santos, porque ela possui todas as virtudes."[13]

Nosso tema de hoje são justamente as virtudes de Maria nos Sermões de Santo Antônio, invocado na ladainha como o 'Servo da Mãe Imaculada'. Curiosamente, a virtude de Maria mais ressaltada nos Sermões de Santo Antônio é a humildade. Antônio chega a dizer que, se Maria não fora humilde, nela Deus não se teria encarnado. "A humildade foi a porta da entrada da graça"[14], escreve no Sermão para o dia 2 de fevereiro.

Em outro Sermão, volta a insistir na humildade como a virtude das virtudes, a virtude que mais agradou a Deus em Maria. E argumenta com as próprias palavras da Virgem-Mãe diante de Isabel e Zacarias: "Deus olhou para a humildade de sua serva" (*Lc* 1,48). Cito: "Numerosas virtudes brilharam de modo estupendo em Maria Santíssima. A humildade, porém, superou a todas. Por isso, quase esquecendo as outras virtudes, ela

---

[12]Sermão para o III Domingo da Quaresma, I, p. 170.
[13]Sermão para a Purificação de Maria, III, p. 36.
[14]Sermão para a festa da Purificação de Maria, III, p. 36.

mesma põe a humildade em primeiro lugar: Deus olhou para a humildade de sua serva"[15].

Cito mais um texto, agora do Sermão da Anunciação: "Da raiz nascem o tronco e os ramos. A raiz, de onde nasceram Maria e seus privilégios e suas virtudes, é a humildade"[16]. No mesmo sermão, Santo Antônio volta a acentuar que "entre todas as criaturas, a Virgem Maria foi a mais humilde e obediente. Por isso pôde adorar o Rei por ela gerado"[17].

Em outro Sermão sobre a Encarnação de Jesus, Antônio aplica a Maria um texto do profeta Isaías (cf. *Is* 43,1-2):

> "Se fores humilde, eu estarei contigo. Se fores humilde, estarei contigo quando atravessares águas profundas; as águas não te cobrirão. Se fores humilde, eu estarei contigo, quando andares por sobre o fogo; as chamas não te queimarão. O servo humilde, com quem está o Senhor, passa ileso pelas tentações do demônio e não se queima no fogo das vaidades das coisas temporais"[18].

Como Maria era e é a humílima serva do Senhor, Deus está com ela, Deus se fez carne na carne dela. Diria Santo Antônio: Deus se assentou no trono da humildade, que se tornou trono de glória[19].

Há uma segunda virtude em Maria, que Santo Antônio aponta muitas vezes nos Sermões. Uma

---

[15]Segundo Sermão para a festa da Purificação, III, p. 355.

[16]Cf. Sermão para a Anunciação, III, p. 20-21.

[17]Sermão para a Anunciação, III, p. 12.

[18]Sermão para a Anunciação, III, p. 408.

[19]Sermão para a Assunção, III, p. 45.

virtude que anda sempre junto com a humildade. São inseparáveis. Por isso São Francisco as chamava de irmãs: "Ave, Senhora santa pobreza, o Senhor te salve com tua irmã, a santa humildade"[20]. E Santo Antônio ensina: "A humildade se conserva com a pobreza"[21]. As duas virtudes estão presentes em todas as páginas do Sermão da Assunção, como se dependesse delas a glória da coroação de Maria como rainha do céu e da terra[22].

Comentando o sacrifício que Maria e José levaram ao templo na Apresentação de Jesus, que foi um par de rolas, oferta dos pobres, escreve o Santo: "Maria Santíssima, pobrezinha, pelo Filho pobre, fez um sacrifício de pobre, para que em tudo se mostrasse a humildade do Senhor"[23]. Aliás, no Sermão para o I Domingo do Natal, Santo Antônio fala da subida ao templo de José e Maria e escreve: "A pobreza e a humildade levam Jesus, pobre e humilde"[24].

No Sermão para o Domingo de Ramos, falando da multidão que cortava galhos das árvores para saudar a entrada triunfal de Jesus em Jerusalém, Santo Antônio escreve: "A árvore mais bonita, ao alcance da tua mão, é a gloriosa Virgem Maria. Vai a ela e apanha os dois ramos mais lindos, que são a humildade e a pobreza. Com estes dois ramos, sim, poderás aclamar o Senhor"[25]. O mesmo

---

[20]*Saudação às Virtudes*, Fontes Franciscanas, Vozes, p. 187.
[21]Sermão para a Assunção, III, p. 49.
[22]Sermão para a Assunção, III, p. 49-55.
[23]Sermão para a Purificação, III, p. 344.
[24]Sermão para o I Domingo do Natal, III, p. 151.
[25]Sermão para o Domingo de Ramos, I, p. 216.

Santo que nos dissera: "Se fores humilde, o Senhor estará contigo", agora nos propõe aclamar o Senhor com os ramos da humildade e da pobreza, porque fora com humildade e na pobreza que a Virgem acolhera em seu seio o Filho de Deus, humilde e pobre.

Contemplando Maria assunta ao céu, Santo Antônio vai buscar no livro do Eclesiástico (50,9) uma expressão muito concreta:

> "Maria Santíssima é um vaso de ouro maciço. É vaso por sua humildade, porque a concavidade do vaso recebe quanto ali se deitar, e Maria recebeu a graça de todas as virtudes nela derramadas por Deus. É de ouro, porque Maria foi pobre. Ó ouro ótimo da pobreza! Quem não te possui, ainda que tenha todas as coisas, nada possui"[26].

Se continuasse a falar das virtudes de Maria ensinadas por Santo Antônio em seus Sermões, falaria agora da misericórdia, uma virtude que só se encontra num coração humilde, uma virtude que encheu o coração de Maria, mesmo porque nele, em seu coração materno, se encarnou a misericórdia divina, Jesus. "Maria é a mãe da misericórdia, é toda misericordiosa para com os miseráveis" – exclama o Santo no segundo Sermão da Purificação[27]. No Sermão que preparou para a festa da Assunção de Maria, Santo Antônio, admirado diante da misericórdia de Maria recompensada pela Santíssima Trindade, exclama:

---

[26]Sermão para a Assunção, III, p. 49.
[27]Segundo Sermão para a festa da Purificação, III, p. 354.

"Ó inestimável dignidade de Maria! Ó inenarrável sublimidade da graça! Ó inescrutável profundidade da misericórdia! Nunca tanta graça nem tanta misericórdia foi nem pode ser concedida a um anjo ou a um homem, como a Maria Virgem Santíssima, que Deus Pai quis fosse mãe de seu próprio Filho, igual a si, gerado antes de todos os séculos! Verdadeiramente superior a toda graça foi a graça de Maria Santíssima, que teve um filho com Deus-Pai e, por este motivo, mereceu ser na Assunção coroada no céu"[28].

Termino, lembrando que as duas virtudes marianas mais acentuadas por Santo Antônio, a humildade e a pobreza, foram exatamente as duas virtudes mais elogiadas em Santo Antônio por seus Confrades contemporâneos. Assim nos conta a Legenda *Rigaldina*:

"Antônio, pobre, experimentado no espírito de pobreza, desde o princípio, numa fraternidade de pobres, crescia continuamente nas riquezas da altíssima pobreza. Procurava, com todo o empenho, conformar-se em tudo com a pobreza e frequentemente recordava a pobreza de Cristo e de sua Mãe bendita. Feliz filho que, conformando-se em tudo à pobreza de Francisco, a ensinou com a palavra e a corroborou vigorosamente com os exemplos de uma vida paupérrima"[29].

A mesma Legenda fala da superabundância de humildade que transparecia em todo o seu comportamento[30]. Outra Legenda, a *Benignitas*, escreve: "A graça da bênção divina tornou Antônio excepcional em humildade, notável na pobreza, ardente na caridade,

---

[28]Sermão para a Assunção, III, p. 52.
[29]*Rigaldina*, III, p. 31.
[30]*Rigaldina*, III, p. 31.

manso na convivência. Numa palavra, em tudo simpático a Deus e aos homens"[31].

Por encarnar em sua vida a humildade e a pobreza, mais que todas as outras qualidades humanas e espirituais, exatamente como aconteceu com a Virgem Maria, Santo Antônio mereceu o título que lhe damos na ladainha: imitador e servo da Mãe Imaculada.

[31]*Benignitas*, II, p. 34.

Santo Antônio e a esperança

Há dois sonhos que acompanham, desde o nascimento, todo o ser humano. Esses dois sonhos exprimem-se de muitas maneiras e gestos, quando afloram à luz do dia. Um é o sonho de ser igual a Deus, de ter os poderes de Deus e a verdade de Deus. Foi o sonho de Adão e Eva no paraíso terrestre, sonho que se manifestou em forma de desobediência e orgulho. Sonho que eles não realizaram: foram expulsos do paraíso, que passou a ser chamado de "Paraíso Perdido".

Ora, dentro de cada um de nós há o sentimento de termos perdido alguma coisa e estarmos sempre à procura dela. De fato, a criatura humana pode ser definida como um ser à procura. À procura de um paraíso perdido, à procura de um Deus em quem possa se espelhar e nele mergulhar. Ir à igreja rezar é ir atrás desse sonho, à procura de Deus.

O segundo sonho, que trazemos dentro de nós, é o de sermos cidadãos de uma terra sem males, o sonho de viver num mundo diferente do atual, ou, na expressão da segunda Carta de São Pedro: um mundo que abranja "novos céus e nova terra, onde sejam plenas a justiça e a santidade" (*2Pd* 3,14). O sonho de sermos iguais a Deus e o sonho de viver numa terra sem males costumam vir juntos, e juntos pressionar nossos sentimentos e nosso modo de encarar a vida e a própria religião que praticamos. Por isso, podemos dizer que somos criaturas com permanentes saudades do céu; sentimos dentro de nós desejos infinitos, mas sabemos, por experiência, que somos limitados em nossa natureza e em nossas possibilidades.

Jesus, que assumiu a condição humana e experimentou também ele – como homem – os dois sonhos, assim explicou esse sentimento: "Vós estais neste mundo, mas não sois deste mundo" (*Jo* 17,11.14). O sonho de uma terra sem males já foi descrito pelo profeta Isaías 500 anos antes de Jesus Cristo, no capítulo 65 de suas profecias, com palavras postas na boca de Deus: "Vou criar novo céu e nova terra, onde haverá alegria sem fim. Não mais haverá crianças morrendo nem velhos que sucumbam antes de completarem seus dias. Todos terão casa para morar e vinhedos carregados de uvas. Ninguém explorará o outro e todos comerão o produto de seu trabalho. O lobo e o cordeiro pastarão juntos. Não haverá nenhuma espécie de mal na face da terra. Não é este o sonho que temos todos nós?" Sonho repetido por São Pedro: a esperança de novos céus e nova terra, uma terra cheia de justiça e de santidade.

Santo Antônio nos lembra que o homem sonha com uma terra sem males, porque foi feito à imagem e semelhança de Deus e criado para a felicidade. Cito o sermão do Santo para um dos domingos da Quaresma:

"O homem, como uma belíssima oliveira, foi plantado num jardim de delícias. Como uma oliveira, cresceu vigoroso e estava destinado a produzir frutos de felicidade eterna. Mas – coitado do homem! – ao ouvir a sugestão diabólica de que poderia ser mais do que era e tornar-se deus, irrompeu nele o fogo da vanglória e da cobiça, que lhe queimou todos os frutos e a beleza. E o homem ficou reduzido à pobreza."[32]

A este fato, isto é, que a criatura humana fora criada para a felicidade, mas preferiu o pecado do orgulho, e, caída de seu estado de graça, ficou obrigada, com grandes sacrifícios, a refazer o caminho à procura de Deus e do paraíso perdido, a esta procura, Santo Antônio dedica inúmeros trechos de seus sermões. Podemos quase dizer que os seus sermões estão cheios do tema do retorno do homem a Deus, ou seja, da conquista de novos céus e nova terra. Jesus, que veio refazer o caminho que une o céu à terra, não dispensou a criatura humana da procura. Santo Antônio define o homem como alguém sempre a caminho, sempre bebendo no córrego da esperança.

No sermão da Páscoa, compara o homem à flor e diz: "Porque na flor está a esperança do fruto, a flor compara-se ao homem, que espera os bens futuros. E porque a flor é de alguma maneira o começo dos frutos que virão, a flor nos recorda que estamos sempre a caminho do melhor"[33].

[32] Cf. Sermão para o V Domingo da Quaresma, I, p. 193-194.
[33] Cf. Sermão para a Ressurreição do Senhor, III, p. 436.

Esta caminhada para o melhor se faz aqui nesta terra, no lugar em que vivemos, dentro da família que temos, na cultura que herdamos. É neste momento, adverte-nos inúmeras vezes Santo Antônio, que o homem pode desviar-se, errar a estrada e pensar que o novo céu e a nova terra se encontram nos bens terrenos e só neles. Então, a fome do ter e do poder torna-se a nova serpente, o novo demônio, que volta a enganar-nos, ofuscando o horizonte do infinito. Cito Santo Antônio:

> "Os sábios deste mundo costumam dar um conselho estúpido, o conselho de procurar as coisas temporais que, por serem temporais, são transitórias, o conselho de acreditar nas falsas promessas do mundo. A criatura humana, assim enganada, embriaga-se das glórias mundanas"[34].

Em outro sermão, Santo Antônio afirma:

> "O homem assim enganado, encobre com as riquezas, como se elas fossem uma sombrinha, os raios do verdadeiro sol. Pretende com esta cobertura proteger-se dos raios do sol, esquecendo que o sol que está em cima de sua cabeça é Deus. Sim, conclui o Santo, as riquezas temporais fazem esquecer Deus"[35].

Fazendo das riquezas o novo céu e a nova terra, o homem repete a parábola do Evangelho, do senhor que armazenou muitos bens e, quando os imensos depósitos estavam abarrotados, pensou ter alcançado a felicidade.

---

[34]Sermão para o III Domingo depois da Páscoa, I, p. 309.
[35]Cf. Sermão para o XIII Domingo depois de Pentecostes, II, p. 317.

Deus lhe disse: "Ainda nesta noite perderás a vida. Que farás dos teus armazéns abarrotados?" (Lc 12,20).

Volto a citar Santo Antônio: "Glorias-te das tuas riquezas? Elas pertencem aos outros, não a ti. A ti foram-te emprestadas. Teu é só o que podes levar na morte. A passagem da morte é estreitíssima e por ela mal e mal podes passar tu e, assim mesmo, nu e sem nada. Contigo poderás levar só o que não ocupa espaço"[36]. A estrada, portanto, dos bens temporais, do poder e da glória terrena não levará nunca ao novo céu e à nova terra de que fala São Pedro.

Se a criatura humana errar o caminho, deverá retornar sobre seus passos. O retornar para retomar o caminho certo chama-se *conversão*, tema acentuado em todas as páginas do Evangelho e um dos assuntos preferidos de Santo Antônio em suas pregações. Não entro no tema agora. Mas indico o único caminho possível, citando uma frase do Santo: "A alma humana é tão grande, que só Deus a pode satisfazer, porque Deus é maior que o nosso coração"[37]. Este Deus, capaz de satisfazer nossos desejos e sonhos de uma terra sem males, encarnou-se no seio de Maria, assumiu a condição humana e abriu o caminho capaz de nos conduzir aos novos céus e à nova terra, que começam aqui na vida presente e se plenificam na eternidade. A esse caminho chamamos *Reino dos Céus* (*Lc* 17,21), que é um modo de viver na presença de Deus. Viver esta presença de Deus em nosso

---

[36]Cf. Sermão para o XI Domingo depois de Pentecostes, II, p. 271.

[37]Cf. Sermão para a Anunciação, III, p. 407.

meio e em todas as circunstâncias e fazer todas as coisas do jeito que agrada a Deus: este é o caminho certo e seguro que nos leva a um novo céu e a uma nova terra. Termino a reflexão com uma frase que Santo Antônio ouviu certamente de São Francisco: "Você vale quanto você vale na presença de Deus. Nada mais!"[38].

---

[38]Sermão para a Natividade de São João Batista, III, p. 516.

4

Santo Antônio
e a procura de Deus

José, Maria e Jesus subiram a Jerusalém para a festa da Páscoa. O filho se perdeu no meio da festa, que costumava reunir uma multidão de gente, chegada de toda a parte, inclusive da chamada diáspora, ou seja, de terras pagãs e longínquas. O menino que se perdeu no templo era o filho de Maria, sim, mas era também o Filho de Deus. Nem à sua Mãe, imaculada e santíssima, o Senhor dispensou da procura. Três dias, diz o Evangelista Lucas, de dolorosa procura (*Lc* 2,45-46). A mãe Maria, procurando seu filho, que era Deus.

O tema da procura de Deus está presente em todo o Antigo Testamento. Podemos encontrar em todos os livros do AT frases como esta, que se encontra no Livro das Crônicas, mas vem repetida por profetas e, sobretudo, pelos Salmos: "Procurai o Senhor! Buscai sempre a face do Senhor!" (*1Cr* 16,11; *Sl* 105,4).

No Novo Testamento, Jesus trouxe muitas novidades e dispensas. Mas não dispensou a criatura humana da procura de Deus. Se o maior desejo dos santos do AT era ver a face do Pai, o maior desejo do NT é encontrar Deus. Que sabedoria estava no coração do Apóstolo Felipe quando, na Última Ceia, suplicou a Jesus: "Senhor, mostra-nos a face do Pai e isto nos basta!" (*Jo* 14,8). Era o angustiado desejo do AT. É o ardente anseio do NT. A criatura humana, desde que saiu do paraíso terrestre, pode-se definir como um ser à procura. À procura do paraíso perdido, à procura de Deus. O coração humano vive em permanente saudade do céu. Esta saudade a encontramos na literatura de todos os povos, desde os mais primitivos aos mais desenvolvidos.

Faço uma comparação: a criatura humana é como o rio. Pode nascer em qualquer lugar. Pode nascer do tamanho de uma gota ou já riacho feito. Sempre corre inevitavelmente para o mar. Seu trajeto pode ter todos os tamanhos possíveis, pode encontrar centenas de empecilhos, pode descansar um tempo na serenidade de um lago, mas há no rio uma força irresistível: a procura do mar. A criatura humana, repito, é como o rio. Pode enfrentar dificuldades, pode esquecer-se do trajeto, como as águas de um lago se esquecem de correr, pode cair em precipícios como são o pecado mortal, a idolatria e apostasia, mas seu destino é a procura de Deus. Todos temos a experiência de Santo Agostinho: nosso coração bate inquieto, enquanto não repousar em Deus[39], como o rio não sossega, enquanto não mergulhar no mar.

Todos temos a experiência da procura. Muitas vezes nos parecem procuras grandes e cansativas. Mas

[39]Santo Agostinho, *Confissões*, Coleção Patrística 10, Paulus 2006, p. 19.

elas são pequenas, diante da grande procura de Deus. Procuramos nosso alimento (quantas das nossas orações e quantas horas do nosso dia se prendem ao 'pão nosso de cada dia'!). Procuramos trabalho. Procuramos conhecimentos (depois de passar pelo primário, pelo secundário, pelo universitário, gastamos a vida em cursos de aperfeiçoamento). Procuramos medicina para nossas doenças (lembremos a luta contra o câncer, as pesquisas contra a Aids ou o controle da diabete). Procuramos soluções para nossos problemas quotidianos pessoais, familiares e sociais. Quantos procuram a glória e o sucesso!

Somos um ser à procura. De coisas e bem-estar terreno. De coisas e vida eterna. Somos um ser humano em permanente procura de Deus. O profeta Amós faz Deus gritar com veemência no meio da assembléia: "Procurai-me e vivereis!" (*Am* 5,4 e 6).

Há um episódio, muito simbólico, acontecido exatamente entre o Antigo e o Novo Testamento, envolvendo personagens tipicamente do Velho Testamento e personagens fundamentais do Novo. Refiro-me aos Magos à procura de Jesus. Representam todos os povos, tanto que um é branco, outro é negro e o terceiro é amarelo. Representam todos os povos à procura do Deus, que acabara de nascer nalgum lugar da terra. Nessa procura empenham tudo: sua ciência, seus sonhos, seus empregados, seus camelos e até mesmo a luz do céu, simbolizada na estrela. Procuram, calculam, indagam, caminham, deixam para trás sua terra e outras muitas terras, mantêm diálogo com os grandes, como Herodes Magno e os sábios de Jerusalém.

Quando mais tarde, 30 anos depois, Jesus de Nazaré ensinava a confiança na oração e a fidelidade nas coisas difíceis, insistia: "Buscai e achareis! Quem procura encontra!" (*Mt* 7,7-8). Procuraram os Magos intensa e incansavelmente o Filho de Deus, e o encontraram e o reconheceram. Esta é a meta de nossa procura: encontrar o Senhor, reconhecê-lo e prostrar-nos diante dele.

O profeta Jeremias põe nos lábios de Deus estas palavras consoladoras: "Tenho para vós um plano de paz. Tenho para vós um futuro de esperança. Vós me buscareis e me encontrareis, porque me procurais de coração sincero. Eu me deixarei encontrar por vós e mudarei a vossa sorte" (*Jr* 29,11-14).

Deixei, propositadamente para Santo Antônio nos dizer como podemos buscar e encontrar o Senhor e quais empecilhos que nos barram o caminho da procura. Antes, porém, queria desfazer a ideia de que Deus mora em lugar e luz inacessíveis e, portanto, seriam inúteis o esforço da procura e a esperança do encontro. Valho-me de um texto do Apóstolo Paulo, em Atenas:

> "Deus estabeleceu para o homem o tempo e os limites de sua moradia. E isso para que procure a Deus e se esforce por encontrá-lo, mesmo às apalpadelas. Pois Deus não está longe de nenhum de nós. É nele que vivemos, nele nos movemos e nele existimos" (At 17,27-28).

Não procuremos Deus longe, atrás das nuvens e das estrelas. Procuremos Deus em nós. Há um caminho dentro de nós que nos leva a Deus. Importa não atravancar esse caminho.

Vamos agora ao ensinamento de Santo Antônio. O Santo reconhece que a procura de Deus não é angustiante nem utópica. Mas é uma condição do nosso estado de criaturas.

> "A criatura humana – ensina Santo Antônio –, de fato, vive esmagada pelo pecado. Mesmo assim, seu espírito procura a face do Senhor. E esta procura torna-se um jardim de delícias. Que alegria maior pode haver do que a certeza de que estamos diante de Deus? De Deus, do qual e no qual tudo existe e sem o qual tudo o que pensa existir é nada! Quando procuramos a presença de Deus, esta procura torna-se um jardim de delícias, porque nela há a rosa da caridade, a violeta da humildade, o lírio da castidade"[40].

Ao ler Santo Antônio, tive a impressão de que ele aconselha fortemente aos que buscam a Deus que reconheçam, antes de tudo, a fragilidade e a fugacidade da vida. Passamos depressa pela vida terrena e em tantos momentos somos fracos. No Sermão do III Domingo da Páscoa, Santo Antônio cita a Carta de Tiago: "Como será nossa vida amanhã? Somos como uma fumaça que, por um instante aparece e logo desaparece" (*Tg* 4,14). Se a vida presente é passageira como um chumaço de fumaça, devemos tirar a conclusão de não perder tempo com as coisas temporais. "Os bens temporais, ensina Santo Antônio, são um quase nada. E assim como a nuvem impede a vista do sol, a abundância dos bens temporais desvia [a procura e] o conhecimento de Deus.

---

[40]Sermão para o III Domingo da Quaresma, I, p. 155.

A gordura das riquezas cega os olhos"[41]. E como podes procurar, se estás cego?

Santo Antônio apresenta outra condição para a procura de Deus. E cita o escritor e senador romano Cícero: "Há um meio rápido de chegarmos à glória (nós diríamos: de encontrar Deus) é pôr todo o cuidado em sermos aquilo que parecemos"[42]. Deus é, e devemos procurar aquilo que é e não aquilo que parece, e só podemos procurar aquilo que é, se nós somos de fato o que parecemos. Ser o que se é e só o que se é, é ser puro, é ser casto, é não ter ídolos.

Repito as lições até agora: 1. É possível encontrar Deus e temos uma tendência natural de procurá-lo. 2. Quem quer procurar Deus, deve considerar que a vida presente passa depressa. 3. Temos uma tendência de parecer em vez de ser, mas se queremos encontrar Deus, temos de ser e não apenas de parecer. 4. Nenhum esforço humano é válido, nenhum caminho é possível para encontrar o Senhor, que não passe pela humildade.

Santo Antônio é claro: para que a procura de Deus tenha sentido e possibilite o encontro com Ele, devemos ter um coração humilde. O tema da humildade está presente em todos os seus sermões, mesmo porque, segundo Santo Antônio, quem não tem a virtude da humildade, não tem nenhuma das virtudes; e quem não cultiva a humildade, mente ao dizer que é caridoso, piedoso, solidário ou que tenha outras virtudes. "A

---

[41]Sermão para o V Domingo da Páscoa, I, p. 360.
[42]Sermão para o III Domingo da Páscoa, I, p. 304.

humildade, para Santo Antônio, é a mãe e a raiz de todas as virtudes"[43]. "Assim como a raiz é a vida da árvore – ensina Santo Antônio – a humildade é a vida do homem"[44]. "Pensas – pergunta Santo Antônio no Sermão do II Domingo da Quaresma – que podes subir por outro caminho ao Monte Tabor, ao repouso da luz, à glória da felicidade celeste [e encontrar o Senhor], sem ser pela escada da humildade e da pobreza?"[45].

> "Quando a humildade entrar no coração humano – prega Santo Antônio em outro sermão – e vencer o espírito de soberba, então a humildade brilhará com a simplicidade; na boca ressoará a verdade e a bondade; nos ouvidos não haverá mais nem a lisonja nem a detração; as mãos serão puras e os pés não darão passos falsos"[46]. Isso me faz lembrar o profeta Sofonias, que igualava a procura de Deus e a procura da humildade (cf. Sf 2,3).

Antônio foi modelo da criatura à procura de Deus. Mostrou a todos o caminho que ele percorreu. Por isso seus sermões eram cheios de sentido. Falava de experiência. O que a Legenda *Rigaldina* observou dele vivo, vale para todos os tempos, porque Antônio continua pregador do Evangelho e seta segura para os que procuram Deus:

> "Eleito para o ofício da pregação por vontade de Deus, procurando executar com zelo a incumbência recebida, percorria as aldeias, as cidades e os castelos, semeando por

---

[43]Sermão para o III Domingo da Páscoa, I, p. 319.
[44]Sermão da Epifania, III, p. 321.
[45]Sermão para o II Domingo da Quaresma, I, p. 98.
[46]Sermão para o III Domingo da Quaresma, I, p. 154.

toda a parte as sementes da palavra da vida e lançando a rede da divina doutrina. Ele era a trombeta da lei de Moisés, o eco dos profetas, a voz dos apóstolos, o arauto do Evangelho e o mensageiro da verdade salvadora[47]"

Partindo de Maria e José à procura do Menino perdido em Jerusalém, refletimos sobre a necessária e indispensável procura de Deus. Deus, que nos envolve como a luz do dia e é o Emmanuel, o Deus conosco, quer ser procurado. E nós, nas palavras do profeta Daniel, queremos procurar a face de Deus (*Dn* 3,41).

"Diz o Salmo – observa Santo Antônio – 'alegre-se o coração dos que te procuram, Senhor!' (*Sl* 105,3). Se há de alegrar-se o coração dos que te procuram – conclui Santo Antônio – quanto mais se alegrará o coração dos que te encontram, Senhor!"[48].

---

[47]Legenda *Rigaldina*, III, p. 38.
[48]Sermão da Epifania, III, 315.

5

Santo Antônio,
teólogo da Santíssima Trindade

Muitas vezes, durante a Trezena de Santo Antônio e até mesmo na festa, a Liturgia celebra a festa da Santíssima Trindade[49], mistério central do Cristianismo, a maior revelação feita por Jesus durante sua vida pública. O Antigo Testamento conheceu um só Deus. O povo hebreu foi o único povo daquele tempo a ser monoteísta, isto é, a adorar um só Deus, com exclusão de qualquer possível outro deus. Israel era ciumento desta verdade e, todas as vezes que houve um desvio da fé no Deus único, criou-se uma questão nacional de vida ou morte da nação e da raça. São lapidares as palavras postas na boca de Deus antes da promulgação dos Dez Mandamentos: "Eu sou o Senhor teu Deus. Não terás outros deuses além de mim!" (*Êx* 20,2-3).

Jesus sempre afirmou a existência de um só Deus, Pai e Criador de todas as coisas visíveis e invisíveis e destino

---

[49]A festa da Santíssima Trindade é móvel. Celebra-se sempre no primeiro domingo depois de Pentecostes.

último das criaturas. Fez, porém, uma grande revelação: o Deus único era e é trino, um Deus em três pessoas. Mais vezes Jesus falou do Pai e do Espírito Santo e declarou-se igual ao Pai. Textualmente: "Eu e o Pai somos um só!" (*Jo* 10,30) e "Quem me vê, vê o Pai" (*Jo* 14,9). No sermão do X domingo de Pentecostes, Antônio demora-se em falar da igualdade do Pai e do Filho. Cito o Santo: "Cristo, poder de Deus e Sabedoria de Deus, atinge tudo, saciando no céu os anjos com sua visão, esperando misericordiosamente na terra os pecadores para a penitência"[50].

A festa da Santíssima Trindade foi instituída em 1331, cem anos depois da morte de Santo Antônio. Sempre foi celebrada no domingo depois da festa de Pentecostes. Se a festa não existia no tempo de Antônio, compreende-se que ele não tenha um sermão especial sobre o mistério trinitário. Mas a doutrina sobre a Santíssima Trindade aflora em muitos passos dos sermões dominicais. Assim no sermão do VI Domingo da Páscoa, diz:

> "Notemos que neste evangelho (daquele domingo) se manifesta abertamente a fé na Santíssima Trindade. O Espírito Santo é enviado pelo Pai e pelo Filho. Os três são duma só substância e de inseparável igualdade. A unidade está na essência; a pluralidade nas pessoas. O Senhor indica abertamente a unidade da essência divina e a trindade das pessoas, quando diz em São Mateus: 'Ide, batizai todos os povos em nome do Pai e do Filho e do Espírito Santo'. Em nome, sim, não nos nomes, para se mostrar a unidade na essência. E pelos três nomes apresentados, mostra existirem três pessoas"[51].

---

[50]Sermão para o X Domingo depois de Pentecostes, II, p. 251.

[51]Sermão para o VI Domingo depois da Páscoa, I, p. 379.

Cito ainda Santo Antônio:

"Na Trindade se encontra a origem suprema de todas as coisas e a beleza perfeitíssima e o deleite beatíssimo. A origem suprema é Deus Pai, de quem procedem todas as coisas, de quem provêm o Filho e o Espírito Santo. A beleza perfeitíssima é o Filho, verdade do Pai, que não lhe é dissemelhante em ponto algum. Nós veneramos esta beleza juntamente com o Pai e no mesmo Pai. O deleite beatíssimo e a soberana bondade é o Espírito Santo, dom do Pai e do Filho. A ele devemos toda a adoração. Creiamos, sem hesitação, a unidade na trindade e a trindade na unidade"[52].

O mistério da Santíssima Trindade é a verdade maior, mais profunda e mais alta do Cristianismo. Se crermos que Jesus de Nazaré é o Filho de Deus e, por isso, tem palavras verdadeiras quando ensina, não teremos dificuldade em dobrar nossa mente, nosso coração e nosso joelho diante da Trindade Santíssima. Os Apóstolos tiveram dificuldade em crer que Jesus era o Filho de Deus, apesar de seus milagres e apesar de suas afirmações. Viam-no com os olhos do corpo, mas tinham obscurecidos os olhos da fé. Ouviam-no com os ouvidos da cabeça, mas eram moucos para a palavra divina. Cá e lá pareciam crer, como deduzimos da declaração de Pedro em Cesareia: "Tu és o Cristo, o Filho de Deus vivo!" (*Mt* 16,16), mas fugiram e o abandonaram na hora do Calvário.

Nem o inaudito milagre da ressurreição foi suficiente para iluminar-lhes a razão. Foi preciso Jesus tomar outra iniciativa, além dos milagres, além dos ensinamentos:

---

[52]Sermão para o VI Domingo depois da Páscoa, I, p. 380.

pedir ao Pai o envio do Espírito Santo Paráclito para ensinar-lhes a Verdade. Não se trata de verdades. Nem humanas nem divinas. Mas da Verdade plena, que é a própria pessoa de Jesus Cristo que, naquela mesma Última Ceia, declarara: "Eu sou a Verdade" (*Jo* 14,6) e, um dia depois, diante de Pilatos, afirmou: "Todo aquele que é da Verdade ouve a minha voz" (*Jo* 18,37). Pilatos pergunta: "O que é a Verdade?".

Não diz o Evangelho que a pergunta tenha sido dirigida a Jesus. A resposta seria a mesma da Última Ceia aos Apóstolos: "Eu sou a Verdade". Mas Pilatos – de novo expressão da descrença humana – jogou a pergunta ao vento e até hoje todas as gerações repetem a pergunta e têm medo da resposta. Feliz de quem para diante do Cristo e ouve sua voz: "Eu sou a Verdade, capaz de abrir o caminho entre a terra e o céu. Eu sou a Verdade, capaz de produzir a vida, e a quem crer nesse meu poder, darei a vida eterna".

Este caminho para o Pai é o próprio Cristo. Não há outro caminho conhecido na face da terra. Conhecer o Cristo é conhecer o caminho de retorno à nossa casa, que é a Casa do Pai. Conhecer o caminho é viver a Verdade, que é o Cristo, encarnado, pobre, crucificado, ressuscitado, senhor dos vivos e dos mortos. Não se trata de um conhecimento intelectual. Trata-se de uma vivência amorosa, apaixonada e jubilosa a ponto de se poder dizer como o Apóstolo Paulo: "Já não sou eu que vivo, é Cristo que vive em mim. A vida presente na carne eu a vivo pela fé no Filho de Deus" (*Gl* 2,20).

Nossa fé em Jesus Cristo, Verdade do Pai, implica nossa fidelidade. Deus, absolutamente verdadeiro, é absolutamente fiel. Antes de morrer, Moisés cantou a fidelidade de Deus e o comparou a um rochedo inabalável (*Êx* 32,4). Todos os profetas proclamaram a fidelidade de Deus, apesar da pouca ou nenhuma fidelidade do povo (*Ml* 3,6). E veio Jesus Cristo, realização de todas as promessas de Deus, encarnação da fidelidade de Deus. São Paulo chama Jesus de 'o sim de Deus': "Todas as promessas de Deus são 'sim' em Jesus e, por Ele, nós dizemos 'amém' à glória de Deus" (*2Cor* 1,20).

A palavra 'amém', em hebraico, tem a mesma origem da palavra 'verdade' e chega a ter o mesmo sentido. Quando Paulo diz que Jesus é o 'amém de Deus' ou o 'sim de Deus', quer dizer que Cristo é a verdade de Deus. A função do Espírito Santo é fazer-nos compreender que Jesus é a verdade (*Jo* 16,13) e ajudar-nos a caminhar na fidelidade a Cristo. Quando Jesus ou os Apóstolos falam que devemos 'praticar a verdade' (*Jo* 3,21) ou 'agir segundo a verdade' (*1Jo* 1,6) ou 'andar na verdade' (*2Jo* 1,4) estão-nos dizendo que devemos pautar todo o nosso comportamento segundo os ensinamentos de Jesus e na medida que o Espírito Santo nos dá a conhecer.

Quando João, na primeira carta, escreve que devemos 'amar a verdade', está-nos dizendo que estamos revestidos de Cristo, que é a Verdade, e devemos amar com os mesmos sentimentos e na mesma intensidade de Cristo (cf. *Fl* 2,5). Cristão, então, não é apenas um nome, mas um modo de viver, um caminho que nos purifica, nos santifica, nos diviniza e nos faz um com Deus. Como ressoam forte e fundo no coração de quem crê as palavras de Jesus na Última Ceia:

"Que todos sejam um como tu, Pai, estás em mim e eu em ti, para que eles estejam em nós, e o mundo creia que me enviaste. Dei-lhes a glória que tu me deste, a fim de que sejam um como nós somos um. Eu neles e tu em mim numa perfeita união" (*Jo* 17,21-22).

Obrigado, Cristo, nossa vida! Obrigado, Cristo, nosso caminho! Obrigado, Cristo, nossa verdade! Obrigado, Cristo, caminho de nossa verdade e verdade do nosso caminho!

6

Santo Antônio, obra da Santíssima Trindade

Já disse que Santo Antônio não tem um sermão específico sobre a festa da Santíssima Trindade, porque a festa foi instituída cem anos depois da morte do Santo. Sempre foi celebrada no domingo depois de Pentecostes. Com a festa de Pentecostes, a Igreja encerra o Tempo pascal e começa o chamado Tempo comum ou Tempo ordinário. E ela como que abre o Tempo comum "em nome do Pai e do Filho e do Espírito Santo", como muitos de nós costumamos benzer-nos antes de começar um trabalho novo. Impressiona muito o mundo, quando a televisão mostra os jogadores entrando em campo e fazendo o sinal da cruz. É bonito: vão jogar, vão trabalhar em nome do Pai e do Filho e do Espírito Santo.

Ora a festa da Santíssima Trindade, sendo em domingo fixo, muitas vezes está dentro da Trezena de Santo Antônio e, às vezes, até coincide com a festa. Assim aconteceu em 13 de junho de 1658. E o Padre Vieira, um dos maiores oradores da história, tinha que pregar a festa de Santo Antônio no dia da festa da Santíssima Trindade. Ele uniu as duas festas de uma maneira que só um grande artista do pensamento e da palavra é capaz de fazer[53].

Vou repassar algumas passagens do Padre Vieira, simplificando um pouco as longas frases dele, para que possamos acompanhar a extraordinária reflexão que faz. Logo no início do sermão, Vieira diz:

> "No domingo passado eu preguei aqui nesta mesma Igreja e falei sobre a frase: 'Quem me ama obedecerá e guardará meus preceitos; e a quem guardar meus preceitos, meu Pai o amará e nós viremos a ele' (*Jo* 14,23). Quem são esses – pergunta Vieira – que virão para morar com aquele que ama e que obedece aos preceitos de Jesus? E responde: É o próprio Pai com o Filho e o Espírito Santo, as três pessoas da Santíssima Trindade".

Ora, Santo Antônio foi diligente e exato cumpridor dos preceitos de Jesus Cristo. Mais: não só cumpriu os preceitos, mas também amou com todo o amor possível o Cristo. Compreendemos, portanto, que Jesus, que por nós se fez homem, por Santo Antônio se fez Menino e veio pousar em seus braços. Observem que não foi Antônio que foi buscar o Menino, foi o Menino que buscou Antônio. E se o Menino buscou Antônio e se pôs em seus braços para recompensar sua obediência e retribuir seu amor, o que não fará o Pai do Menino por Antônio? O que não fará o Espírito Santo Paráclito?

---

[53]Padre Antônio Vieira, *Santo Antônio Luz do Mundo – os nove sermões sobre Santo Antônio*, Editora Vozes, 1997.

Passa, então, Vieira a falar do que o Pai fez por Antônio, o que o Filho fez através de Antônio, o que o Espírito Santo fez de Antônio.

Vieira repassa as grandes personalidades do Antigo Testamento que tiveram poderes especiais. Cita Moisés, mas lembra que o mesmo bastão que arrancou água da pedra, fez cair sobre os Egípcios as pragas e afogou no mar Vermelho o Faraó e seus soldados. Ele lembra Elias, o mais santo dos profetas. No entanto, Elias proibiu as nuvens de chover e assim secaram rios e fontes, campos e vales e a própria aurora não pôde produzir o orvalho. Elias, o santo, decapitou 850 sacerdotes de Bahal. Antônio recebeu de Deus poderes como Moisés e Elias, mas jamais os usou para destruir, castigar e matar. Cito o texto de Vieira:

> "Ó Antônio, não menos poderosos que os de Moisés e Elias foram os poderes que o Pai te deu. Foste revestido de toda onipotência divina. Mas nunca para destruição, nunca para ruínas, nunca para dano, castigo, perda ou dor de alguém. Sempre para remédio, para alívio, para consolação, para alegria, para o bem e utilidade de todos". E isto, afirma Vieira, foi obra do Pai.

Vieira passa a alguns dos maiores milagres que Santo Antônio fez em vida e lembra as centenas de ex-votos que cercam sua imagem nos santuários, desde as cordas de navio naufragado em que se salvou alguém que chamou por Santo Antônio, até mortalhas de mortos que ele ressuscitou pelo poder que havia recebido de Deus Pai.

E o que Deus Filho deu a Santo Antônio? O Filho – diz Vieira – deu-lhe toda a sabedoria da eloquência em sua pregação. Cito Vieira: "Não há entendimento que possa compreender nem língua que possa declarar com palavras a sabedoria e a eloquência divina, o espírito, a eficácia, a luz e os prodigiosos efeitos da sua doutrina".

Vieira demora-se em explicar por que Santo Antônio ocultou anos a fio seu saber. Por humildade sim, mas a razão principal – diz Vieira – foi para ser mais semelhante a Jesus que, por 30 anos, ocultou toda a sabedoria e ciência diante de todos.

Passando para o Espírito Santo, Vieira faz um jogo de palavras para dizer que todos os Santos se chamam São Fulano, São Sicrano. Mas Antônio é o Santo. Cito Vieira: "Santo Antônio em Pádua, onde tem o seu sepulcro, não se chama Santo Antônio, mas o Santo: vou ao Santo, venho do Santo, sem outro nome, e eles querem dizer: vou à basílica de Santo Antônio, venho da basílica de Santo Antônio".

Curiosa observação do Padre Vieira: A segunda pessoa da Santíssima Trindade, Jesus, veio à terra e depois retornou ao céu. A terceira pessoa veio à terra e não retornou. Ficou para sempre conosco, em todo o tempo e todos os lugares. Esta mesma graça de estar sempre conosco o Espírito Santo a comunicou também a Santo Antônio. Depois de tanto tempo de ter recebido a glória do céu, ele continua conosco na terra, tão poderoso e vigilante quanto era em vida. Ele nos assiste, nos acode, nos ajuda.

Quando vivia na terra, aconteceu de estar em vários lugares ao mesmo tempo. Depois de morto está em todos os lugares do mundo. Neste mesmo dia, nesta mesma hora em que celebramos Santo Antônio aqui em São Luís do Maranhão, celebram-no e festejam-no com maiores demonstrações de solenidade na Europa, na África e na Ásia, todas as nações e todos os países. E por quê? Porque nenhuma nação nem país há no mundo, grande ou pequeno, que, nos trabalhos e nas necessidades, não invoque e chame por Santo Antônio. E nenhuma voz há dos que o invocam, a que ele não responda: "aqui estou!" Que o digam os lavradores no campo, os navegantes no mar, os soldados na guerra, os mercantes nos comércios, os pleiteantes nas demandas, os requerentes nos despachos, os presos nos cárceres, os enfermos nas doenças, os agonizantes na morte, e até os mortos nas sepulturas, porque não há lugar nem estado tão longe de toda a esperança e remédio, a que as consolações deste Santo defensor universal se não estendam. Dificilmente há casa, família ou pessoa, neste vale de lágrimas, livre de tristezas, aflições e dificuldades para cuja consolação não há outro consolador e paráclito mais pronto e mais familiar e doméstico, e que, invocado diga: "aqui estou", como Santo Antônio.

O sermão de Vieira é longo, é texto para duas horas de pregação. Respiguei e apresentei algumas das espigas que colhi. Faço um resumo: Santo Antônio é uma obra caprichada da Santíssima Trindade. O Pai lhe concedeu imensos poderes. E disto todos são testemunhas. O Filho lhe deu a facilidade e a sabedoria da pregação. Disso são testemunhas as multidões que corriam para ouvi-lo, não cabendo nas maiores praças da cidade. O Espírito Santo o revestiu de tanta santidade que ele é conhecido como 'o Santo'. E repartiu com ele o dom da presença em todos os lugares e em todos os tempos: é o Santo do mundo inteiro; e não há criatura necessitada que recorra a ele que não lhe escute prontamente a voz: aqui estou para te ajudar, proteger, curar, consolar, para te mostrar o caminho certo que te leva ao Pai, para te fazer compreender a verdade inteira que te conduz à fé no Filho de Deus, para te oferecer a veste da santidade do Espírito Santo que te envolve da graça e te garante o céu eterno.

Santo Antônio
e o Espírito Santo

A Trezena de Santo Antônio pode coincidir com a festa de Pentecostes, a maior festa litúrgica da Igreja Católica. A Igreja considera a festa de Pentecostes como a data de seu nascimento, a data em que ela assumiu solene e publicamente, por obra e graça do Espírito Santo, a missão de continuar na terra o corpo vivo de Cristo (cf. *Ef* 1,22-23).

Num de seus sermões, sentindo-se insuficiente para amar a Deus de todo o coração e com todas as forças, Santo Antônio invoca o Espírito Santo. Quer senti-lo como se sente o vento leve que traz não só o frescor da brisa, mas também o perfume suave das flores. São palavras dele:

> "Que venha o Espírito Santo como um vento, como uma brisa suave feita de amor, venha e penetre por todos os lados o meu jardim, que é a minha consciência. Que ele espalhe os seus aromas com a presença do Senhor. A presença do Senhor em mim tem fragrância superior a todos os bons perfumes. Que venha o Espírito Santo e traga

o segredo da contemplação, a alegria espiritual, a suavidade da doçura interior"[54]. "Que venha o Espírito Santo e varra de dentro de mim as glórias mundanas e me encha com a consolação de sua graça"[55].

Santo Antônio parte de uma frase do profeta Isaías para falar dos dons que o Espírito Santo deixa em nós ao passar por nós. E ele passa – diz o Santo – como o rio que, passando, fecunda o solo tocado por suas águas. O texto de Isaías é o seguinte: "Eu derramarei água no solo árido e farei correr torrentes pela terra seca. Derramarei o meu Espírito sobre teus filhos e a minha bênção sobre a tua descendência" (*Is* 44,4). A terra seca – diz Santo Antônio – somos nós. O rio é o Espírito Santo que, muitas vezes, não basta ser como a água, que limpa e fecunda, mas precisa ser, como o foi no dia de Pentecostes, rio de fogo, para queimar até as raízes os nossos pecados e acender em corações gélidos o fogo do amor, e acender luzes nos caminhos da conversão.

Santo Antônio chega a apontar sete qualidades do fogo para ver em cada qualidade um dom do Espírito Santo. Os sete dons do Espírito Santo são: sabedoria, inteligência, conselho, fortaleza, ciência, piedade e temor de Deus. Estes sete dons não os encontramos citados assim e nesta ordem nos Evangelhos. Encontramo-los citados, em diferentes contextos, nas cartas paulinas. Encontramo-los juntos, menos um, num texto messiânico

---

[54]V Domingo da Páscoa, I, p. 373.
[55]*Idem et ibidem.*

do profeta Isaías: "Um broto sairá do tronco de Jessé [pai de Davi] e um rebento brotara de suas raízes. Sobre ele repousara o Espírito do Senhor, Espírito de Sabedoria e Entendimento, Espírito de Conselho e Fortaleza, Espírito de Ciência e Temor do Senhor" *(Is* 11,1-2). Isaías não menciona a Piedade, porque considera a Piedade a soma de todos estes dons.

Os sete dons são invocados de forma solene na oração que o Bispo pronuncia sobre os Crismandos: "Deus todo poderoso, Pai de Nosso Senhor Jesus Cristo, que pela água e o Espírito Santo fizestes renascer estes vossos servos, enviai-lhes o Espírito Santo Paráclito, derramando sobre eles o Espírito da Sabedoria e Inteligência, o Espírito de Conselho e Fortaleza, o Espírito de Ciência e Piedade e enchei-os do Espírito do vosso Temor".

Santo Antônio enumera os sete dons em outra ordem. E não é por acaso.

Enumera em primeiro lugar o dom do Temor de Deus. Precisamos prestar atenção a esta expressão em português. Aqui, 'temor' não significa medo, como o medo de assalto, o medo de perder o emprego ou o medo de não sermos compreendidos. Também não significa o medo do inferno ou o medo de alguém nos prejudicar com feitiços ou trabalhos de baixa macumba. Seria melhor em português traduzir este dom do Espírito Santo com a palavra 'respeito' ou 'reverência'.

Este dom do Espírito Santo nos faz olhar para Deus com olhos de criaturas humildes. Belo exemplo de temor de Deus nos deu São Francisco, quando rezava: "Senhor, quem sois vós e quem sou eu? Vós o Altíssimo

Senhor do céu e da terra e eu um miserável vermezinho, vosso ínfimo servo"[56]. Por isso, Santo Antônio punha em primeiro lugar esse dom, porque os outros só podem existir num coração humilde. "O temor de Deus – escreveu – corta todas as soberbas, que impedem o amor"[57]. O Espírito Santo não pode depositar a graça no coração soberbo, porque – ensina Santo Antônio, citando São Pedro (*1Pd* 5,5) – "Ele não suporta o soberbo e dá sua graça ao humilde"[58].

Na enumeração de Santo Antônio, o segundo dom é o da Piedade. De novo devemos prestar atenção ao sentido da palavra. Ela não significa apenas oração feita, joelhos dobrados, terço na mão. Ela significa reconhecer a Deus como criador e pai e nos reconhecer a nós como criaturas dependentes de Deus e filhos que o amam de todo o coração e tem em Deus uma confiança filial. Este dom junta os cacos do nosso desequilíbrio e nos faz um vaso inteiriço de louvor a Deus e de amor ao próximo. Nas palavras de Santo Antônio, o dom da Piedade une o coração dividido por interesses e vaidades e o leva a amar a Deus sobre todas as coisas.

O terceiro dom, na sequência de Santo Antônio, é o dom da Ciência. De novo devemos fazer atenção, porque a palavra 'ciência' aqui não significa o saber acadêmico, os doutorados, a pesquisa científica. Mas significa a capacidade de ver em todas as coisas criadas a mão de

---

[56]*Fontes,* Fioretti, Dos sacrossantos Estigmas, p. 1598.
[57]Sermão para Pentecostes, III, p. 508.
[58]III Domingo da Quaresma, I, p. 150.

Deus, a presença de Deus. Significa ver em todas as coisas e em todos os fatos uma como que escada que faz subir para Deus. Grande exemplo temos novamente em São Francisco no seu "Cântico das Criaturas": o sol, a lua, as estrelas, o fogo, a água, o vento, as flores, a própria morte são sinais de Deus e com essas criaturas Francisco canta os louvores de Deus, ao "Altíssimo, onipotente e bom Senhor"[59]. Para isso não se precisa de estudo e cultura. Precisa-se de um coração voltado para o Senhor.

O quarto dom mencionado por Santo Antônio no Sermão de Pentecostes é o da Fortaleza. Todos temos a experiência de obstáculos e dificuldades, de angústias e desesperos na vida. Manter íntegra a confiança em Deus em todas as circunstâncias, deixar-se guiar por sua mão, ainda que o caminho passe pelo Calvário e nossos olhos se ceguem de tantas lágrimas de dor, isso é Fortaleza, esse é o dom do Espírito Santo, que podemos e devemos pedir. Não me lembro de outro exemplo mais bonito do que o do Apóstolo Paulo, quando escreve aos Romanos: "Quem nos separará do amor de Cristo? O sofrimento, a angústia, a perseguição, a fome, a nudez, o perigo, a espada? Estou persuadido de que nem a morte, nem a vida, nem os anjos, nem a altura, nem a profundeza poderão separar-nos do amor de Deus manifestado em Jesus Cristo Nosso Senhor" *(Rm 8,35ss)*.

Esse dom da Fortaleza – escreve Santo Antônio – tem também a capacidade de amolecer os corações duros, os

---

[59]*Fontes,* p. 104.

corações insensíveis, os corações de pedra[60], porque esse dom é do Espírito Santo e o Espírito Santo é doçura, é ternura, é suavidade.

Vem, então, o dom do Conselho. Geralmente, esse dom vem agarrado na prudência. Quem não tem prudência, não tem bom conselho nem para dar nem para receber. Quantas vezes temos de refletir, pesar os prós e os contras antes de tomar uma decisão. Todos nós passamos por situações em que devemos escolher, optar, decidir. Quantas vezes vocês se aproximam do padre ou de uma pessoa amiga, descrevem uma situação pessoal e perguntam: "Que devo fazer?" Aqui entra também outra dimensão do conselho. A dimensão voltada para quem precisa de nossa ajuda. Dar conselho é uma obra de caridade. Mas é bem mais difícil do que dar esmola, visitar enfermos e enterrar mortos. Desconfiem dos conselhos de quem tem solução fácil para tudo. Só pode dar conselho, ser porta voz do Espírito Santo, uma pessoa de coração humilde, prudente, generoso, compreensivo, orante e bom.

Para falar do dom da Inteligência, Santo Antônio recorre à etimologia da palavra: *intus* (pelo lado de dentro) e *leggere* (ler). Em outras palavras, ler no coração[61]. Este dom da Inteligência (também chamado dom do Intelecto ou dom do Entendimento) está bem resumido no versículo 34 do Salmo 119: "Dá-me, Senhor, inteligência para que eu observe a tua Lei e a cumpra de todo o coração" *(Sl 119,34)*. O dom da Inteligência nos faz compreender

---

[60]Sermão para Pentecostes, III, p. 508.

[61]Idem et ibidem.

sempre mais as razões da nossa fé e da nossa esperança. Esse dom pede a leitura atenta da Sagrada Escritura, o estudo do significado das palavras e das frases e do contexto, a contemplação da Palavra divina e, sobretudo, a capacidade de transformar a leitura, o estudo e a reflexão em oração. Enquanto não formos capazes de transformar em oração a leitura bíblica, a leitura continuará apenas leitura. Quando a transformamos em oração, ela se torna Espírito e vida, e é esse o dom da Inteligência.

Em sétimo lugar, Santo Antônio enumera o dom da Sabedoria que, normalmente, vem citado por primeiro. De novo devemos prestar atenção: sabedoria aqui não significa estudo acadêmico, conhecer muitas matérias. Mas prende-se ao sentido etimológico da palavra. A palavra *sabedoria* é parenta de *sabor,* gosto. Todos nós conhecemos a diferença entre uma comida que tem sabor e uma comida sem sabor. O dom da Sabedoria é o gosto pelas coisas de Deus. Se eu tenho uma fruta diante de mim e quero saber que gosto tem, posso abrir os livros, admirar as fotografias coloridas da fruta, posso saber o tipo de árvore que a produziu. Mas tudo isso não me dá o gosto da fruta. Uma simples mordida na fruta me diz muito mais do gosto dela que todos os livros. Por isso, não basta ler sobre Deus. Não basta saber teorias sobre Deus e Jesus Cristo. Preciso experimentar, sentir o gosto de Deus. Esta experiência é a sabedoria, que pressupõe a inteligência, a piedade, a ciência, a fortaleza; que pressupõe esforço de nossa parte e conta com a graça de Deus. A Sabedoria, o gosto pelas coisas de Deus, envolve a nossa inteligência, a nossa vontade, o nosso coração;

envolve o nosso modo de ser, de pensar, de fazer, de rezar. Então compreendemos por que a Sagrada Escritura diz que "a Sabedoria vale mais que tronos e reinos. Vale mais que a saúde e a beleza. Vale mais que a própria luz. Porque a Sabedoria é a mãe de todos os bens" (Sb 7,7ss).

No Sermão que escreveu para o III Domingo da Quaresma, o Santo compara os sete Dons do Espírito Santo às sete vacas gordas e às sete espigas cheias da história de José do Egito (Gn 41,5-7). Cito:

> "As sete vacas bonitas e muito gordas, e as sete espigas cheias e formosas e os sete anos de grande fertilidade significam os sete dons do Espírito Santo, porque os dons do Espírito Santo conferem àqueles que os recebem a beleza dos costumes e a fecundidade das virtudes. São espigas cheias e bonitas, porque significam a plenitude da fé em Jesus Cristo, que se abre em amor a Deus e ao próximo"[62].

O Santo conclui seu sermão com uma Oração. Vou concluir também eu com ela: "Senhor Jesus, te pedimos: derrama a plenitude dos sete dons do Espírito Santo em nosso coração, para que, purificados por sua graça, possamos te servir com intensa devoção. Amém".

---

[62]III Domingo da Quaresma, I, p. 164 e 165.

8

Santo Antônio
e a Eucaristia

Em junho de 1653, a festa de Santo Antônio coincidiu com oitava da festa do Corpo de Deus que, naquele tempo, se celebrava durante oito dias e as Missas eram ditas diante do Santíssimo Sacramento exposto no ostensório. O Padre Antônio Vieira devia fazer o sermão do Santo, que estava num belíssimo andor, mas não podia fugir dos textos litúrgicos da festa maior, que era a de Corpus Christi. Ele começou seu sermão, dizendo que lhe era mais difícil separar Santo Antônio do Santíssimo Sacramento do que unir os dois num só panegírico, num só elogio solene, numa só solenidade. "Se olho para o Ostensório – disse Vieira – parece-me ver as maravilhas de Deus operadas em Santo Antônio; se olho para o andor do Santo, parece-me ver as maravilhas de Deus operadas no mistério Eucarístico"[63].

---

[63]*Santo Antônio Luz do Mundo*. Nove sermões do Padre Antônio Vieira sobre o Santo. Transcrição, introdução e notas de Frei Clarêncio Neotti. Editora Vozes, Petrópolis 1997, p. 92.

Vieira desenvolve seu sermão para afirmar que Santo Antônio é um Santo sacramentado. Se não o chamo de Santo Sacramentado, chamo-o de Santo Eucarístico, porque pregou continuamente sobre a Eucaristia, porque a celebrou diariamente com notória piedade, porque encontrou nela o alimento e a razão de sua vida santa.

Se Cristo é a suma Verdade, Antônio foi seu pregador incansável. Se Cristo é o pão da vida, Antônio distribuiu e distribui milhares de pães aos pobres, para que vivam. Se Cristo é o remédio que cura as almas, Antônio devolveu a graça a milhares de pessoas no Sacramento da Confissão. Se Cristo Sacramentado é o pão da vida eterna, Antônio ressuscitou mortos. Se Cristo na Eucaristia é exemplo perfeito de humildade e escondimento, Antônio fez da humildade obediente e da obediência humilde o motor de sua vida no Convento. Se Cristo, ainda que oculto no pão e no vinho, é levado solenemente em procissão pelas ruas, Antônio foi levado pelo Espírito Santo por cidades e vilas, becos e campos para que o povo tributasse ao Deus uno e trino toda adoração e todo amor filial.

No tempo de Santo Antônio eram muitos os hereges no norte da Itália e sul da França. As principais seitas, como os albigenses, os valdenses, os cátaros, os berengários, negavam a presença real de Cristo na Eucaristia. Famoso ficou o episódio da mula que, em Tolosa, na França, se ajoelhou diante da hóstia consagrada trazida pelo Santo em praça pública para convencer os hereges da presença real e verdadeira de Cristo no pão consagrado. O episódio é carregado de símbolo. No jumento, que dobra os joelhos, estão figurados os hereges convertidos pela pregação eucarística do Santo. Lemos na parte final: "O herege, que apostara com o Santo, punha de comer à mula esfomeada. O animal, apesar de faminto depois de quatro dias sem comer, parou de comer, abaixou a cabeça e dobrou as pernas dianteiras como para se ajoelhar"[64].

Jumentos esfomeados os temos muitos. O que nos faltam são os Antônios santos, os Antônios sacramentados, os Antônios eucarísticos.

A verdade sobre a Eucaristia que Santo Antônio mais martelou foi justamente a presença real do Cristo no pão e no vinho consagrados. Escutemos a palavra do próprio Santo, em seu sermão sobre a Última Ceia:

> "Em Jerusalém, naquele cenáculo amplo e bem preparado, onde os Apóstolos no dia de Pentecostes receberiam o Espírito Santo, (Jesus) preparou para todos os povos que acreditam nele, um banquete de comida deliciosa. Sim, comida deliciosa, porque temos para comer o Cordeiro que tira o pecado e nos reconcilia com Deus. A mesma coisa faz hoje a Igreja no mundo inteiro. Devemos crer firmemente e professar de todo o coração que o corpo que nasceu da Virgem, pendeu da Cruz, esteve sepultado, ressuscitou ao terceiro dia, subiu ao céu e assentou-se à direita do Pai é o mesmo verdadeiro corpo que hoje Jesus deu aos Apóstolos e que diariamente a Igreja o refaz e o distribui aos fiéis. Ao dizer as palavras 'isto é o meu corpo', o pão transubstancia-se no corpo de Cristo"[65].

O Cristo Eucarístico não existe apenas para ser adorado, mas é também alimento e sustentáculo dos cristãos. Num de seus sermões pascais, ensina Santo Antônio:

---

[64]*Livro dos Milagres* ou *Florinhas de Santo Antônio*, III, p. 76-77.
[65]Cf. Sermão para a Ceia do Senhor, III, p. 422-423.

"A Igreja pode ser chamada de Belém, porque Belém significa a 'casa do pão'. Ora, é na Igreja que o Cristo nos restaura com o pão do seu corpo: 'O pão que eu darei – disse aos Apóstolos – é a minha carne para a vida do mundo' (*Jo* 6,51). É na Igreja – continua o Santo – que Deus nos dará o pão da eterna bem-aventurança, quando seremos plenamente saciados, vendo a Deus face a face. O Pai do céu, doador de todos os bens, deu-nos a nós pobres, na Eucaristia, não só do bom e do melhor, mas do excelente"[66].

Ainda no sermão da Ceia, Santo Antônio elogia dois grandes efeitos da Eucaristia na pessoa de quem a recebe: aumenta-lhe a devoção e diminui-lhe as tentações. E acrescenta logo: "Ai de quem entrar no banquete sem a veste nupcial da caridade (*Mt* 22,11) e da penitência! Porque não se podem unir as trevas e a luz (cf. *2Cor* 6,14-15); porque não podem conviver Judas traidor e Jesus Salvador"[67].

Em todos os tempos, a Igreja ensinou que a Eucaristia nos purifica dos pecados, sim. É medicina e terapia para a nossa fraqueza, sim. Mas ao recebê-la devemos ter ou um coração sem pecado, como o da Virgem Maria ao receber o Filho de Deus na Anunciação, ou o coração de um Pedro, pecador arrependido.

'Eucaristia' é uma palavra grega e significa 'ação de graças', 'agradecimento'. A Eucaristia é a nossa permanente, repetida e eterna ação de graças ao Pai pelo dom da vida, vida nossa e Vida (com V maiúsculo), que é o Cristo que, com sua encarnação, morte e ressurreição nos trouxe garantida a imortalidade. Se o Cristo

---

[66]Cf. Sermão para o IV Domingo depois da Páscoa, I, p. 336.
[67]Sermão para a Ceia do Senhor, III, p. 424.

Eucarístico é um constante e perfeito 'obrigado' ao Pai, dele deveríamos aprender a sermos agradecidos sempre, em todos os momentos da vida, como agradecido sempre foi Santo Antônio, um Santo eucarístico. Normalmente temos um coração mais propenso a pedir e ganhar do que um coração dedicado ao louvor e agradecimento. Entramos na igreja mais para procurar uma solução rápida para as nossas angústias e necessidades do que para agradecer pelo fato de existirmos, de sermos um raio encarnado da bondade de Deus.

Comecei lembrando o Padre Vieira, termino também citando o Padre Vieira e justamente num trecho em que ele, em 1653, advertia os devotos sobre o mau costume que temos de só pedir e tornar a pedir a Santo Antônio, em vez de principalmente agradecer. Cito textualmente, no português daquele tempo:

> "Muitos pensam que honram Santo Antônio, invocando-o como remédio das coisas temporais. Se vos adoece o filho, Santo Antônio; se vos foge o escravo, Santo Antônio; se mandais a encomenda, Santo Antônio; se esperais o retorno, Santo Antônio; se requereis o despacho, Santo Antônio; se aguardais a sentença, Santo Antônio; se perdeis a menor miudeza de vossa casa, Santo Antônio; e, talvez, se quereis os bens da casa alheia, Santo Antônio"[68].

Citei o trecho também para lembrar o quanto já em 1600 Santo Antônio era invocado em inúmeras situações da vida. Fazemos a mesma coisa hoje. E

[68]*Santo Antônio Luz do Mundo*, op. cit., p. 92.

não fazemos coisa errada. Porém, como falamos hoje da Eucaristia, que é agradecimento, vá hoje ao nosso glorioso padroeiro todo o nosso coração agradecido. E ao menos na gratidão, seremos hoje, como ele foi a vida inteira, pessoas eucarísticas, pessoas agradecidas.

9

Santo Antônio, bem-aventurado

Poderíamos dizer que santa é a pessoa que vive as bem-aventuranças do Sermão da Montanha (*Mt* 5,1-12). Santo Antônio tratou das bem-aventuranças no sermão do XXIII domingo depois de Pentecostes. Lembra que só alcança a bem-aventurança eterna quem viveu as bem-aventuranças na terra: "Só podem esperar com segurança o encontro com o Senhor Jesus – escreve o Santo – aqueles que já nesta vida moram no céu"[69].

Se chamo Santo Antônio de bem-aventurado, quero dizer que o é na glória celeste e o foi na vida terrena. As bem-aventuranças são como o Reino dos Céus, pregado por Jesus: vive-se na terra e plenifica-se no céu. O homem tem uma tendência inata para as bem-aventuranças, embora poucas vezes ele as entenda como as entende o Evangelho. São muitas as pessoas que as buscam, às vezes, até com grande intensidade.

---

[69]Sermão para o XXIII Domingo depois de Pentecostes, II, p. 612.

A palavra 'bem-aventurado', em português, não expressa todo o sentido bíblico contido nela. Já se tentou traduzir por 'feliz'. Encontramos em várias traduções: felizes os pobres de espírito, felizes os mansos, felizes os que choram. Mas o sentido da palavra 'felicidade' é menor do que o sentido da palavra 'bem-aventurança'. Talvez por isso os grandes autores de espiritualidade raramente empregam a palavra 'felicidade'. São Francisco de Assis, por exemplo, nunca a empregou. Também já se tentou traduzir 'bem-aventurado' por 'afortunado', cheio de sorte. Mas a palavra 'fortuna' não traz consigo o esforço por conquistá-la e está por demais ligada a bens materiais, enquanto que as 'bem-aventuranças' abrangem e bens materiais e bens espirituais e bens passageiros e bens eternos.

A língua portuguesa, no Brasil, criou nos últimos anos outra palavra, que traduz melhor o sentido bíblico da bem-aventurança. É a palavra 'realização', com o perigo de, sendo uma palavra nova, não se fixar no vocabulário. Realizar-se significa alcançar, com empenho e esforço, algum bem desejado. Bem material, como por exemplo, quem durante anos desejou ter casa própria e fez de tudo para consegui-la, no dia em que passa a morar nela, pode dizer: "Realizei meu sonho! Estou realizada!" Ou um bem espiritual. Poderia, por exemplo, confessar-lhes: "Estou realizado como padre!". Ou bens materiais e espirituais juntos. Ouve-se, muitas vezes, a frase: "Fulano está bem, está com a vida que pediu a Deus! Está realizado!". Em outras palavras: nada lhe falta.

Quando alguém tem tudo o que desejou, é uma pessoa realizada. Este é o sentido da bem-aventurança do Evangelho. Apenas que – e isto é fundamental – os bens indicados por Jesus e que realizam a pessoa nem sempre coincidem com os bens que desejamos. Se eu posso enumerar os bens das oito bem-aventuranças em seu sentido bíblico, eu citaria: o espírito de pobreza e desprendimento; o espírito de fortaleza nas provações; o espírito de mansidão em todas as circunstâncias; o espírito de justiça para com Deus, para com o próximo e consigo mesmo; o espírito de misericórdia; o espírito de pureza na adoração a Deus; o espírito pacífico na vida cotidiana; o espírito de perdão nas injúrias e perseguições. Ao explicar as bem-aventuranças, Santo Antônio destaca-as com outras oito qualidades: sabedoria, alegria, equilíbrio entre o corpo e a alma, amizade com Deus e com o próximo, clareza nas decisões, delicadeza no trato das coisas, agilidade nas ações e fé na imortalidade.

Não importa se seguimos o esquema segundo as palavras textuais do Evangelho ou segundo a explicitação de Santo Antônio. Importa que nós façamos desses valores os fundamentos de nossos desejos, planos e ações. Vou repetir o esquema antoniano de outro modo:

Se tivermos sabedoria (gosto pelas coisas de Deus e vivência das coisas divinas);

Se colocarmos alegria em tudo o que fazemos, cremos, somos e pensamos;

Se conseguirmos equilibrar nossos sentimentos, sem que a alma sofra em benefício do corpo ou o corpo sofra em benefício da alma;

Se vivermos em perfeita amizade com Deus e com o próximo (duas dimensões que se exigem a ponto de, se faltar uma, faltará também a outra);

Se formos capazes de sempre nos decidir pelo bem, ainda que o mal seja mais atraente ou estejamos mergulhados num lamaçal de maldades;

Se o coração não for agressivo, violento contra nenhuma criatura e nenhum fato;

Se estivermos sempre disponíveis e prontos a praticar o bem, transformando-o em boas obras concretas;

Se vivermos neste mundo passageiro como peregrinos para o mundo da eternidade, somos bem-aventurados. Somos pessoas realizadas no modo de ver do Sermão da Montanha. Santo Antônio ensina que as oito bem-aventuranças são como oito grandes candelabros feitos de ouro (porque a pessoa humana bem-aventurada é imagem e semelhança de Deus), oito candelabros que iluminarão a noite da nossa morte. Em outras palavras: quem vive as bem-aventuranças nesta terra entrará glorioso e cheio de luz na eternidade[70].

Ao explicar como a criatura humana pode manter acesos os oito candelabros, Antônio lembra que Deus deu a cada um de nós a inteligência, a vontade e os sentimentos do coração. Antônio chega a comparar esses três instrumentos à Santíssima Trindade: uma não existe sem a outra e as três juntas se unem para nos capacitar a compreender o valor especial das bem-aventuranças.

---

[70]Cf. Sermão para o XXIII Domingo depois de Pentecostes, II, p. 602.

Em outras palavras: com a ajuda da inteligência, da vontade e dos sentimentos, podemos mergulhar na graça de Deus e realizar-nos como pessoas humanas que estão a caminho da bem-aventurança eterna. Cito Santo Antônio:

> "A criatura humana foi feita à imagem e semelhança de Deus. Assim como Deus é amor, bondade, justiça, misericórdia e doçura, também o homem – ajudado pela inteligência, pela vontade e pelo coração – pode ser bom, cheio de amor e bondade, justo e misericordioso"[71].

Ou seja: nada nos falta para nos realizarmos como criaturas humanas, que têm um destino eterno que começa na vida presente; nada nos falta para sermos felizes agora e na eternidade; nada nos falta – ainda que nos faltem muitos ou todos os bens materiais – para entrarmos no número dos bem-aventurados, como bem-aventurado foi Santo Antônio em vida na terra, na morte, vendo antecipadamente o Senhor[72] e na glória, pátria de todos os bem-aventurados.

Termino com uma oração escrita pelo franciscano Juliano de Spira, em 1235:

> "É a ti, Jesus, que dirigimos a nossa prece. Tu és a luz inextinguível, que dás maravilhoso esplendor a Frei Antônio, com tantos milagres, que iluminam o mundo. Concede-nos, por tua graça, dominar exteriormente o apetite das coisas

---

[71] Cf. Sermão para o XXIII Domingo depois de Pentecostes, II, p. 603.

[72] *Legenda Rigaldina*, III, p. 47: "Elevando os olhos ao alto, fixou-os diretamente durante algum tempo. Enquanto olhava extasiadamente para o céu, interrogado pelos Frades próximos sobre o que via e contemplava, respondeu: Vejo o meu Senhor!".

materiais. E, interiormente, levar à tua presença o óleo da alegria espiritual, no vaso puro do nosso coração. Com as lâmpadas ardentes do fogo da caridade e iluminados pela bondade (de nossas obras), fiquemos à tua espera, para entrar contigo nas bodas, onde poderemos cantar com todos os teus bem-aventurados, os hinos da tua glória"[73].

---

[73]Cf. Frei Juliano de Spira, *Vida Segunda*, I, p. 149.

10

Santo Antônio, homem santo

Santo Antônio morreu numa sexta-feira de tarde, 13 de junho de 1231. Poderia ter 36 anos. Mas poderia também ter 40, porque não sabemos precisamente o ano de seu nascimento. Uma biografia escrita um ano depois de sua morte, por um Confrade que conviveu com ele, observa: "Quando morreu, seu corpo apresentava o aspecto de alguém que dormia profundamente"[74]. Um dos Frades presentes na morte do Santo – sempre segundo essa biografia –, vendo-o sereno e plácido, teria exclamado: "Ó verdadeiro santo, verdadeiro servo do Altíssimo, agora tu vives e vês o Senhor!".

Conta ainda a mesma biografia que, enquanto os Frades aguardavam a chegada do guardião de Pádua, para ver o que fazer e onde sepultar Frei Antônio, na cidade de Pádua, inesperadamente, bandos de crianças

---

[74]Escreve a *Vida Primeira* (*Assídua*): "Seu corpo apresentava um aspecto de alguém que dormia profundamente. As suas mãos convertidas em alvura ultrapassaram a beleza da cor primitiva. Os outros membros do corpo apresentavam-se flexíveis, à vontade de quem os tocava" (I, p. 56).

saíram gritando pelas ruas: "Morreu o Santo! Morreu Frei Antônio!" E o povo correu "feito um enxame de abelhas" – diz a biografia – a Arcella, para ver o corpo[75]. Arcella não ficava longe. Hoje é periferia da cidade de Pádua, perto da atual estação ferroviária.

Morreu o Santo! Frei Antônio apresentou-se diante de Deus como um homem correto, digno de toda a santidade, como São Paulo recomendou a Timóteo (*2Tm* 2,15): Apresenta-te diante de Deus como uma pessoa correta. Conta-nos o Gênesis que o Senhor apareceu a Abraão e lhe garantiu: "Anda na minha presença e serás perfeito" (*Gn* 17,1); "Eu te abençoarei e tu serás uma bênção para todas as famílias da terra" (*Gn* 12,2-3). Exatamente isto aconteceu com Santo Antônio e foi abençoado por Deus e através de Santo Antônio recebemos toda sorte de bênçãos, favores, graças e atenções.

Quando Jesus admoestou: "Sede perfeitos como o Pai do Céu é perfeito" (*Mt* 5,48) ou, quando Deus insistiu no Levítico: "Sede santos, porque eu sou santo" (*Lv* 20,26), não se estava falando de coisas impossíveis. Impossíveis, sim, quando nos pensamos autossuficientes e cultivamos com exagero e preocupação o amor egoísta e interesseiro. É impossível ser santo como Deus é santo, quando transformamos Deus em servidor nosso, em fornecedor de graças e milagres para o nosso consumo.

Mas é possível sermos perfeitos como Deus é perfeito, quando nossa mente e nosso coração forem límpidos como

---

[75]Cf. *Vida Primeira*, I, p. 56.

a brancura dos lírios que Santo Antônio traz nas mãos; quando nossa vida for cem por cento pautada nos valores do Evangelho a ponto de sermos nós mesmos um Evangelho aberto e vivo para todos os que nos cercam. É possível ser santo como Deus é santo, quando nos colocamos nos braços da vontade de Deus com a serenidade e a alegria com que o Menino-Deus está nos braços de Santo Antônio. É possível ser santo como Deus é santo, quando nós formos tudo para todos sem nada reservar para nós.

A santidade, a retidão de vida, não dispensa a procura de Deus, não dispensa o trabalho, não dispensa as vicissitudes da vida cotidiana, o cansaço e as lágrimas. Santo Antônio conheceu "a desilusão do fracasso, a solidão e o anonimato, a fama inesperada e repentina, a vida consumida numa incessante entrega aos outros, a satisfação de estudos bíblicos aprofundados, o desgastante tumulto das multidões, a insaciável saudade da contemplação" do Cristo pobre e humilde, Salvador do Mundo[76].

Ninguém é santo, porque a Igreja o beatificou ou canonizou. É santa a pessoa para quem Deus é tudo. É santa a pessoa a quem Deus pode pedir tudo. A esta santidade todos estão chamados. A santidade é a vocação normal dos cristãos. O Concílio Vaticano II, concluído em dezembro de 1965, ensinou: "Todos os cristãos, de qualquer condição ou estado, são chamados pelo Senhor, cada um por seu caminho, à perfeição da santidade como o Pai do Céu é perfeito" (*LG* 11). As

---

[76]Carta dos Ministros Gerais para o 8º Centenário de nascimento de Santo Antônio, FFB, Petrópolis 1995.

pregações de Santo Antônio poderiam resumir-se nesta frase de São Paulo aos Efésios: "Vivei como convém a santos!" (*Ef* 5,3) ou nesta outra aos Romanos: "Produzi frutos de santidade!" (*Rm* 6,22).

Santo Antônio explica o que ele entende por santo. Cito:

> "A palavra 'santo' é a mesma que em grego se diz 'ághios', adjetivo que quer dizer 'sem terra'. Quem está sem terra, ou seja, sem o apego aos bens terrenos (que costumam trazer consigo a luxúria, a insaciável avareza, a ira, a inveja e a inconstância) quem, portanto, vive desapegado, sem dúvida nenhuma será um servo humilde e santificará o Senhor em seu coração e terá, como bom cristão, um coração semelhante ao de Cristo"[77]. Por isso, Santo Antônio, ao pregar sobre a santidade que devemos ter, atacava veementemente os vícios, que impedem e até matam a santidade.

Pregava contra a luxúria, para que os corações fossem puros como Deus os queria e quer, porque sem a pureza na consciência não se entra no Reino dos Céus, isto é, na comunhão com Deus. Pregava contra a avareza e a cobiça. Chamava a cobiça de "fome insaciável e raiz de todos os males"[78]. Pregava contra a ira, porque "quando o homem se abrasa na ira, assemelha-se ao mar agitado: o coração se enche de amargura, a razão se perturba, o espírito se torna cego e o ódio lhe destrói o amor fraterno"[79].

---

[77] Cf. Sermão para o V Domingo depois de Pentecostes, II, p. 132.
[78] Sermão para o II Domingo da Quaresma, I, p. 113.
[79] Sermão da Circuncisão do Senhor, III, p. 302.

Pregava contra a inveja. Pregava contra a moleza e a inconstância. Para curar esses vícios, propunha as virtudes, que ele chamava de "sangue da alma"[80]. A cada vício, contrapunha uma virtude e o exemplo buscado no Evangelho. Para Santo Antônio, a melhor terra para Deus semear sua graça e sua bênção é a alma desapegada e humilde. Antônio chamava a humildade de "mãe de todas as virtudes" e dizia que "tentar reunir virtudes sem humildade seria o mesmo que transportar pó ao vento"[81]. Em outro sermão, ensinava: "A devoção procede sempre da humildade do coração"[82].

Costumamos chamar Santo Antônio de grande santo. Tenham certeza: quanto maior for o santo tanto maior terá sido nele a virtude da humildade. Não há homem correto que não seja humilde. Seria mais fácil passar uma corda pelo buraco de uma agulha do que a santidade repousar num coração orgulhoso.

Estamos falando de retidão e santidade, tendo diante de nós a figura de Santo Antônio, um homem de Deus a ponto de ser figurado com o Menino-Deus nos braços. Busquei nas crônicas alguns depoimentos das pessoas que conviveram com o Santo. E saiu este retrato:

> "Era um Frade fervoroso na caridade, claríssimo na sabedoria, eloquentíssimo, amável no falar e afável no conversar, paciente na doença, benigno na admoestação, severo em corrigir, doce no acolher os penitentes, humilde

---

[80]Sermão para a Sexagésima, I, p. 40.

[81]Sermão para o III Domingo da Páscoa, I, p. 319-320.

[82]Cf. Sermão para o II Domingo do Advento, III, p. 106.

no exercício da autoridade, grato pelos benefícios recebidos, devoto na oração, silencioso no Convento, frugal no comer, prudente nas conversas, amável e gentil com todos, respeitoso para com os superiores, cortês e cheio de mansidão com as pessoas pobres, coerente entre o que vivia e o que pregava"[83].

Esse é o retrato de um homem santo.

[83]Cf. Vergilio Gamboso, *op. cit*, p. 21-22.

11

Santo Antônio, missionário

Começo com um pouco de história. Antônio nasceu em Lisboa e foi batizado com o nome de Fernando. Nasceu entre 1185 e 1190. Tinha por sobrenome: Martins[84]. Fernando Martins ingressou no mosteiro dos Cônegos Regulares de Santo Agostinho. Isso em 1209. Depois, transferiu-se para Coimbra, no mosteiro Santa Cruz, dos mesmos monges agostinianos.

Em Coimbra, completou os estudos, especializou-se em Sagrada Escritura e ordenou-se padre. No mosteiro tinha como trabalho o de hospedeiro, isto é, acolhia os hóspedes e cuidava deles. Abro um parêntesis. Deixo Portugal e vou à Itália. Precisamente na festa de Pentecostes de 1219, os franciscanos, reunidos em Assis em torno de São Francisco, decidem partir em grupos para missões fora da Itália. Um grupo partiu para a Alemanha, outro grupo para a França, outro para a

---

[84]A respeito do sobrenome de Santo Antônio, veja-se Frei Fernando Félix Lopes, *S. António de Lisboa, doutor evangélico*, Editorial Franciscana, Braga, 5ª edição, 1992, p. 332-338.

Espanha, outro para a Hungria, outro para o Marrocos, no norte da África. O próprio São Francisco partiu com alguns Confrades para a Terra Santa.

Vou acompanhar um grupo apenas: era composto de Frei Beraldo, Frei Pedro, Frei Acúrsio, Frei Adjuto e Frei Oto. A caminho de Marrocos[85], passam por Portugal e se hospedam no mosteiro de Santa Cruz em Coimbra, onde era hospedeiro o monge Fernando Martins. Franciscano era novidade. Era a primeira vez que os Frades saíam da Itália. Fernando e os monges devem ter feito inúmeras perguntas, sobretudo sobre seu modo de viver. Até então, o religioso vivia enclausurado no mosteiro. Eles, Frades religiosos, aprovados pela Santa Sé, viajavam pelas ruas do mundo. Fecho o parêntesis.

Obtido o visto para o Marrocos, os Frades partiram. Nem meio ano depois, o mosteiro de Coimbra e o mesmo padre Fernando Martins receberam de volta os cinco Frades, não vivos, mas em urna mortuária. Haviam sido martirizados e um príncipe português recolhera as relíquias e as levara para Portugal. A presença dos restos mortais dos cinco mártires transtornou a vida do padre Fernando. Assim que um segundo grupo de Frades chegou a Portugal, ele os procurou e pediu-lhes o hábito. Fez-se franciscano. Como os Frades morassem numa ermida dedicada a Santo Antônio Magno, que em Portugal se diz Santo Antão, Fernando quis ser chamado de Frei Antônio.

---

[85]Sobre os Frades missionários e mártires em Marrocos, pode-se ler o belíssimo capítulo XI ("Os Protomártires do Marrocos") do livro de Frei Ary E. Pintarelli, *Cavaleiros da Dona Pobreza*, Editora Vozes, Petrópolis, 1997, p. 219-238.

Frei Antônio não escondia de ninguém o desejo de ser missionário, precisamente em Marrocos, porque sonhava com o martírio. Você vai dizer: que homem maluco para querer a morte! Se Antônio quisesse a morte pela morte, era maluco. Mas o que ele queria era dar-se inteiramente a Deus e esse 'inteiramente' continha também a entrega da vida e a aceitação da morte, como Jesus, que caminhou consciente para a morte no Calvário, não pela morte, mas pelo significado redentor que a morte continha.

Recebida a licença, Frei Antônio partiu para o Marrocos. Chegou à missão. Porém, mal chegado, atinge-o uma estranha e violenta febre. As Autoridades, temendo a chegada de uma peste, o devolveram imediatamente para Portugal. Segregado num navio, começou o retorno. Uma tempestade jogou o barco às costas da Sicília. Frei Antônio, doente, fraco e quase moribundo, foi entregue a alguns Frades que, fazia pouco, haviam chegado de Assis. Naquele eremitério siciliano, Frei Antônio passou convalescendo toda a Quaresma de 1221.

Na Páscoa, os Frades receberam uma convocação de São Francisco. Queria ele que todos estivessem em Assis na festa de Pentecostes, para um balanço das missões feitas. Assim, Frei Antônio partiu com eles para Assis, onde iria conhecer em pessoa São Francisco, o fundador da Ordem. Pentecostes de 1221 significou para Frei Antônio a queima de todos os seus sonhos de missionário entre os gentios. Desconhecido, estrangeiro, fragilizado na saúde, foi levado para ser cozinheiro e hospedeiro num então insignificante conventinho italiano[86].

Da insignificância, do anonimato, de entre as humildes panelas da cozinha, veio tirá-lo Deus, na hora que quis, e dele fez um dos maiores pregadores de toda a história, sal da terra e luz do mundo, coluna da Igreja e doutor da verdade. Deus não quis Frei Antônio missionário entre os pagãos, para fazer dele o grande pregador da fé entre os hereges que infestavam o norte da Itália e o sul da França, leigos e padres que negavam, por exemplo, a presença de Cristo na Eucaristia e a grandeza do matrimônio. Antônio foi o missionário popular providencial, porque, conhecendo de cor as Escrituras – como atestam seus contemporâneos –, refutava as teses heréticas com a autoridade dos textos sagrados, ou seja, com argumentos teológicos sérios, sólidos e válidos.

À heresia contrapunha e pregava as verdades com clareza. Aos vícios contrapunha e incentivava as virtudes. Poucas vezes citou os hereges e nisto tomou o exemplo em São Francisco, que não queria Frades polêmicos, mas Frades de diálogo sereno e de profunda vivência pessoal das verdades de fé e das virtudes cristãs. Uma de suas primeiras biografias observa: "A sua oratória, em todas as circunstâncias, era sempre temperada com humor e delicadeza. Era gentil e severo ao mesmo tempo, de tal maneira que suscitava nos ouvintes amor [pela verdade] e temor[87] [pelos pecados]".

---

86 Ver Frei Fernando Félix Lopes, *op. cit.*, p. 123-124.

87 *Vida Segunda*, também chamada *Legenda Juliana*, III, p. 129.

Outra biografia escreve:

"Antônio dedicou-se à atividade evangelizadora e procurou desempenhá-la com toda a eficiência. Quase não dando descanso ao corpo, percorria cidades, aldeias e castelos, defrontando os incrédulos, exortando os fiéis, estimulando os tíbios; com a sua palavra ao mesmo tempo extremamente fluente e apaixonada, dispensava a cada um os ensinamentos e conselhos mais apropriados"[88].

Era frequente acontecer que nenhuma igreja da cidade comportasse o povo, tantos eram os que acorriam para escutar o missionário Frei Antônio. Passava ele, então, para a praça principal, dominando com sua voz poderosa a multidão, que o ouvia durante duas ou três horas. Lembremos que, de nenhum modo, Antônio era franzino. O reconhecimento de seus ossos, em janeiro de 1981, diz-nos que era homem corpulento, de ao menos 1,70 de altura. Seu rosto devia ser alongado, o queixo forte, os olhos grandes e profundos, o nariz aquilino, os cabelos escuros, os dentes regulares e sãos. Aliás, todos os seus dentes se conservam até hoje e nenhum tem marca de cáries. Os joelhos têm evidentes sinais de quem passou muitas horas ajoelhado. Não faço essa descrição baseado em lendas, mas na análise científica recente, de 1981, de seus ossos[89].

A grandeza de Santo Antônio não estava em seu físico. Estava no seu carisma pessoal, sua força de

---

[88]*Diálogo*, I, p. 162.
[89]Cf. Vergilio Gamboso, *op. cit.*, p. 20.

convicção, sua imensa caridade. Lutou em defesa dos pobres tanto quanto em defesa da verdade teológica. Combatia a falsidade e a corrupção de seu tempo tanto quanto levava uma vida íntegra e desapegada. Saiu em defesa das jovens em idade de casamento como saiu em defesa da pacificação entre famílias e cidades. O maior elogio lhe deu o beato Frei Lucas, seu companheiro de andanças missionárias: "Verdadeiramente, este santo foi um homem de grande oração!"[90].

---

[90]Vergilio Gamboso, *op. cit*. p. 22.

12

Santo Antônio, apóstolo do Reino de Deus

Há palavras que, por serem muito usadas, perdem seu sentido genuíno. As duas palavras do título 'apóstolo' e 'reino de Deus' estão entre elas. Comecemos, pois, com uma explicação.

A palavra 'apóstolo' é uma palavra grega composta da preposição *apo* (que indica enviar, mandar adiante, despachar) e o verbo *stéllein* (que significa instalar, erigir, escolher para uma missão). Apóstolo seria, então, um escolhido para ser enviado.

A palavra 'apóstolo' não era empregada no grego popular e raramente no grego clássico. O substantivo 'apóstolo' não se encontra no Antigo Testamento nenhuma vez. No Novo Testamento, Mateus emprega a palavra 'apóstolo' uma única vez, também Marcos uma única vez, também João uma única vez. Lucas emprega a palavra seis vezes no seu evangelho e 28 vezes nos Atos, a começar pelo próprio título do livro "Atos dos Apóstolos". A palavra tomou corpo justamente com Lucas, descrevendo o trabalho dos doze depois da

Ascensão de Jesus e, sobretudo, com São Paulo, que emprega inúmeras vezes a palavra Apóstolo, não só a aplicando aos Doze, mas também a vários ajudantes seus como Tito, Timóteo, Silvano e Barnabé.

Segundo São Paulo, 'apóstolo' é um enviado de Deus, um embaixador que deve levar uma mensagem de Deus. Melhor: apóstolo é um enviado de Deus para levar uma única mensagem: a pessoa divino-humana de Jesus Cristo e seu Evangelho. Portanto, ninguém escolhe a profissão de apóstolo: é uma escolha de Deus. Paulo o diz com clareza, referindo-se a si mesmo, no início da Carta aos Gálatas: "Paulo, apóstolo, não da parte de homens nem por intermédio de homens, mas escolhido e enviado por Jesus Cristo". E nas duas cartas aos Coríntios: "Paulo, chamado a ser apóstolo de Jesus Cristo por vontade de Deus". E mais claro ainda no começo da Carta aos Romanos: "Paulo, servo de Jesus Cristo, chamado a ser apóstolo, separado por Deus para evangelizar".

Para São Paulo é claro: o apóstolo é embaixador, o que significa que não pode pregar as próprias idéias, mas as idéias de quem o enviou. Paulo chama a si mesmo de 'cooperador de Deus' (*1Cor* 3,9), 'ministro de Cristo' (*1Cor* 4,1), 'administrador dos mistérios de Deus' (*1Cor* 4,1), 'embaixador do nome de Cristo' (*2Cor* 5,20), 'embaixador do mistério do Evangelho' (*Ef* 6,20).

Exatamente isto foi Santo Antônio. As primeiras biografias acentuam que ele renunciou a própria vontade, os próprios desejos, os próprios planos, para estar inteiramente à disposição do Senhor. Uma das

Legendas, escrita por Frei Juliano de Spira logo depois da morte de Antônio, afirma:

> "Não há nenhuma dúvida de que sua vocação se deve a uma iniciativa divina. Isto prova-o sua vida e sua morte... Ele anunciou a todos toda a verdade. Esta virtude era nele tão resplandecente que não havia olhos que a não vissem. A virtude de pregar a verdade certamente é superior aos milagres que realizava"[91].

E pouco mais adiante acrescenta:

> "Autorizado a pregar, tratou de cumprir com presteza o encargo confiado. Foi obrigado a abandonar a quietude do eremitério e a percorrer grandes cidades, castelos, aldeias, pregando com zelo inflamado a Palavra da Vida. Sempre ensinado pelo céu, sua palavra se adaptava à capacidade dos ouvintes e a todos transmitia o ensinamento com convicção e eficiência"[92].

Não posso deixar de citar outra passagem de outra biografia, escrita em 1276:

> "Por disposição do Senhor, o servo de Deus Frei Antônio foi delegado pelo mesmo Senhor como seu mensageiro de salvação. Vocação idêntica ao do profeta Isaías. Foi, sim, o Senhor quem predestinou esse pregador admirável, outro apóstolo Paulo, a fim de também ele, como Paulo, levar sua mensagem a todos os soberanos, príncipes da terra e todos os povos"[93].

---

[91]*Vida Segunda*, I, p. 128.

[92]*Vida Segunda*, I, p. 129.

[93] Legenda *Benignitas*, II, p. 19.

A mesma Legenda, que citei há pouco, exclama: "Ó varão admirável! Doutor insigne! Pregador inflamado! A graça de Deus te orienta e conforta! A bondade divina realiza por ti milagres! A tua pregação produz abundantes e maravilhosos frutos!"[94]. Antônio não foi a voz de si mesmo, mas foi a voz de Deus, o embaixador que leva a mensagem do seu Senhor e só a mensagem de seu Senhor, sua pessoa, seu Evangelho, sendo apóstolo como São Paulo, sendo apóstolo como os apóstolos de Jesus.

Passemos agora à segunda parte do título da nossa meditação. A primeira foi: "Santo Antônio apóstolo". A segunda: "do Reino de Deus".

Já refletimos sobre Santo Antônio cheio do Espírito Santo, Santo Antônio testemunha do amor de Cristo, Santo Antônio pregador do Evangelho, Santo Antônio mestre de Sabedoria, Santo Antônio modelo de caridade, Santo Antônio ministro da reconciliação e da paz, Santo Antônio e o Evangelho da Vida. Apenas mencionando estes títulos, estou dizendo que Santo Antônio foi Apóstolo do Reino de Deus, porque o Reino de Deus é vida (sobretudo *a Vida*, Jesus Cristo, que vive no meio de nós).

O Reino de Deus é coração humano reconciliado e pacificado consigo mesmo, com o próximo e com Deus. No sermão do V domingo de Pentecostes, nos advertia Santo Antônio: "Busca, primeiro a paz dentro de ti, pacifica-te; então, encontrarás a paz com Deus e com teu próximo"[95].

---

[94]Legenda *Benignitas*, II, p. 23.
[95]Sermão do V Domingo de Pentecostes, II, p. 125.

Reino de Deus é caridade concretizada em boas obras. No sermão de Pentecostes, o Santo foi claro: "Cessem as palavras (inclusive as palavras que falam da caridade); falem as obras. Estamos cheios de palavras, mas vazios de obras, somos como a figueira que Jesus amaldiçoou: cheia de folhas, mas vazia de frutos"[96].

Reino de Deus é sabedoria, isto é, um modo de vivermos na presença de Deus e de pautar todo nosso comportamento segundo os mandamentos e preceitos divinos. No sermão do II domingo do Advento, Santo Antônio nos dizia que todos podemos viver o paraíso já aqui na terra, se vivermos a sabedoria da presença de Deus, porque "onde houver sabedoria, estará o paraíso do Senhor"[97].

Reino de Deus é o Evangelho transformado em carne e sangue de nossa vida. Santo Antônio não só pregou o Evangelho, e com tanto vigor a ponto de ser sempre representado com o Evangelho nas mãos, como também viveu profundamente seus preceitos e conselhos, e por isso a Igreja lhe deu o título de "Doutor do Evangelho".

Reino de Deus somos nós, é nossa casa, nosso escritório, nossa fábrica, nossa paróquia, nosso sítio, nossa fazenda, nosso bairro, quando tudo está revestido da força fecunda do Espírito Santo, da luz que abre nossa inteligência e nos faz compreender que somos todos irmãos e irmãs, apesar da diversidade ideológica,

---

[96]Sermão de Pentecostes, I, p. 411.
[97]Sermão para o II Domingo do Advento, III, p. 103.

da diversidade religiosa, da diversidade dos caminhos que nos levam à santidade.

Porque Santo Antônio pregou a beleza da diversidade, como belos são os canteiros de diferentes flores, ele se tornou o santo do mundo inteiro, o santo de todas as classes sociais, de todas as etnias, de todas as idades, de toda a imensa família humana, que Cristo imaginou como sendo o Reino de Deus na terra. E do Reino de Deus na terra, sem nenhuma dúvida, Santo Antônio foi um obediente e extraordinário apóstolo, embaixador de Jesus e do seu santo Evangelho.

13

Santo Antônio, pregador, apóstolo e doutor

Na segunda Carta de São Paulo a Timóteo (1,11), Paulo declara-se pregador, apóstolo e doutor. Pregador do Evangelho, Apóstolo de Jesus Cristo, Doutor e Mestre de todos os povos a respeito do Filho de Deus Salvador. Os mesmos títulos os damos, com sobras de razão, ao nosso glorioso Santo Antônio: pregador, apóstolo, doutor.

A última Quaresma que Antônio pregou em Pádua, em 1231, começou a pregá-la na Catedral, mas a afluência do povo foi tanta que nem a Catedral nem a praça principal da cidade puderam conter o povo, acompanhado de todo o clero e do próprio bispo diocesano[98]. Frei Antônio teve de pregar num campo de roça, ainda não semeado, apesar de ser março e início da primavera. A voz possante do Frade se fez ouvir a longa distância e semeou as sementes

---

[98]Afirma a *Vida Primeira* (*Assídua*): "Das cidades, das praças fortes e aldeias vinha uma multidão quase inumerável, de um e de outro sexo, todos com suma devoção, sequiosos da palavra da vida, pondo a sua salvação com firme esperança na sua doutrina. Até o venerável Bispo dos Paduanos seguiu com devoção a pregação do servo de Deus Antônio e, havendo-se tornado sinceramente modelo da grei, exortou o povo a ouvir o pregador com humildade" (I, p. 46-47).

da graça, não no campo da lavoura, mas no campo do coração humano, a ponto de a cidade inteira parar, o comércio fechar suas portas, para ouvir o Santo falar de Deus, do Cristo que se fez servo de todos, da necessidade de conversão para retomar os caminhos de santidade ensinados pelo Evangelho.

De tal modo falou o Santo – e são as crônicas da cidade que o afirmam – que não houve homem, não houve mulher que não se confessasse, fizesse a páscoa e jurasse fidelidade aos preceitos do Evangelho e da Igreja. Santo Antônio, grande pregador, grande apóstolo, grande instrumento do Senhor!

Temos quase duas mil páginas de sermões do Santo. Mas não são os sermões que ele pronunciava ao povo: são esquemas de sermões orientadores para os estudantes de teologia, já que Antônio era também professor de teologia. Os sermões escritos dele são difíceis de ler, difíceis inclusive para os teólogos de hoje. No entanto, sabe-se que ele, quando pregava ao povo, encantava a todos, porque todos o compreendiam[99].

O ofício de pregador vinha sempre unido ao ofício de confessor. Depois de duas ou três horas de pregação, Frei Antônio costumava ficar de 8 a 10 horas no confessionário[100]. Que adiantaria um grande pregador,

---

[99] A Legenda *Benignitas* escreve: "Numa linguagem fluente e inflamada, a todos dirigia a doutrina e os conselhos mais apropriados. Às pessoas cultas expunha conceitos mais profundos e difíceis; com as de mediana cultura falava em linguagem mais acessível; e aos auditórios mais rudes expunha os assuntos com tal clareza, que por assim dizer lhes metia as coisas pelos olhos adentro" (II, p. 20).

[100] A *Vida Primeira* (*Assídua*) observa que Frei Antônio "homem atormentado por certa obesidade natural e com achaques contínuos, permanecia muitas vezes em jejum, pregando e ouvindo confissões até ao pôr do sol" (I, p. 45).

se faltassem depois os confessores, para reconciliar os ouvintes com eles mesmos, com a comunidade e com Deus? Porque a Palavra de Deus, escutada com os ouvidos, deve penetrar os corações, levá-los ao arrependimento, à conversão, à fidelidade aos mandamentos.

Nos primeiros trezentos anos depois de sua morte, as estátuas de Santo Antônio não eram como as de hoje: com o Menino no colo e o galho de lírios na mão. Ainda se encontram na Europa quadros e estátuas do Santo, que trazem numa das mãos um livro aberto e na outra uma chama. O livro aberto é o Evangelho, aberto, porque Santo Antônio o conhecia inteiro e o explicava de muitos modos ao povo. De muitos modos, mas sempre a mesma verdade: o Filho de Deus, que veio à terra, assumiu a condição humana para que nós pudéssemos subir aos céus e participar da própria natureza de Deus. O Evangelho aberto, porque no Evangelho está o caminho que nos leva a Deus; está a verdade que nos fala de Deus; está a vida que nos garante a eternidade.

A vida e a pregação de Frei Antônio foram um Evangelho aberto, um Evangelho vivido tão intensamente que o Papa Pio XII lhe deu o título de "Doutor Evangélico" e acrescentou textualmente: "Dos seus sermões, como de uma fonte perene de água límpida, muitos doutos teólogos e oradores sacros têm extraído, e podem continuar a extrair, a sã doutrina, porque Antônio é um mestre e um doutor da Santa Mãe Igreja"[101].

---

[101]Bula *Exulta* de 16.01.1946, in *Antônio, homem evangélico*. Carta dos Ministros Gerais da Família Franciscana por ocasião do Oitavo Centenário do nascimento de Santo Antônio. FFB, Petrópolis 1995, p. 37.

Estava lembrando que nos primeiros 300 anos depois da morte do Santo, ele costumava vir figurado com um livro aberto na mão e lhes dizia que era o livro dos Evangelhos. Na outra mão, Santo Antônio segurava uma chama, símbolo de seu ardor apostólico, símbolo de sua imensa fé no Filho de Deus, símbolo de seu irradiante amor a Deus e às criaturas humanas. Um amor concreto, que o fazia curar doentes do corpo e do espírito, afugentar demônios, bilocar--se para socorrer necessitados, ressuscitar mortos, amolecer os corações dos pecadores e hereges empedernidos. Os tempos de Santo Antônio se pareciam num particular ao nosso tempo. Por toda parte surgiam grupos religiosos heréticos, alguns de alto poder econômico e muita influência social, como os albigenses, os patarenos, os cátaros, os humiliados. Alguns desses grupos eram apoiados por bispos rebeldes e sacerdotes desobedientes.

Outro livro sobre o Santo, publicado em 1232, diz que Frei Antônio ia de vila em vila, de castelo em castelo, visitando os habitantes das cidades e dos campos, semeando por toda parte a palavra da vida. E sempre bem disposto e com um apaixonado fervor. E continua aquele autor, que conheceu Santo Antônio em vida: "Ele era um peregrino incansável. O zelo pelas almas não lhe permitia repouso"[102].

Outra biografia, escrita 60 anos depois da morte do Santo, observa:

---

[102]*Vida Primeira* (Assídua), I, p. 43.

"Os homens cultos admiravam nele a penetrante sutileza da mente e a brilhante eloquência e em tudo o ouviam com prazer, porque era um homem de admirável discernimento. Transbordante de doutrina, distribuía a cada um a sua justa porção de ensinamentos. Quer falasse a grandes quer falasse a pequenos, a todos atingia com a força de sua verdade. Ninguém saía descontente da sua pregação"[103].

Leio o depoimento de um Confrade que acompanhou mais vezes Frei Antônio nas pregações. Ele escreve em 1232, um ano após a morte do Santo:

"Todos escutavam Frei Antônio com atenção. Ainda quando houvesse mais de 30 mil pessoas na praça, não se ouvia barulho nem cochicho. Todos o escutavam atentos e em silêncio, como se houvesse apenas um homem presente. Todos o escutavam com os ouvidos do corpo e com os ouvidos da alma. Os comerciantes fechavam as portas das lojas, porque também eles queriam ouvir a pregação do Santo"[104].

É com emoção que repito, para concluir a reflexão, as palavras do Papa João Paulo II: "Desejo de todo o coração que toda a Igreja conheça sempre melhor o testemunho, a mensagem, a sabedoria, o ardor missionário deste grande discípulo de Cristo e de São Francisco, que foi Santo Antônio"[105].

---

[103]Legenda *Rigaldina*, III, p. 38.

[104]Cf. *Vida Primeira* (*Assídua*), I, p. 47.

[105]João Paulo II, Mensagem por ocasião do 8º Centenário de nascimento de Santo Antônio, 12.06.1994, in *Antônio, homem evangélico*, p. 42.

14

Santo Antônio
e as Sagradas Escrituras

Santo Antônio especializou-se no estudo da Sagrada Escritura, ainda antes de começar sua vida missionária: no mosteiro de Santa Cruz dos Cônegos Regulares de Santo Agostinho, em Coimbra, Portugal. Paralelo ao estudo das Sagradas Escrituras, Antônio se aprofundou no estudo dos Santos Padres (chamamos de 'Santos Padres' os maiores sábios da Igreja dos séculos IV ao X, como Santo Ambrósio, Santo Agostinho, Santo Atanásio, São Basílio, São João Crisóstomo e outros) e nos estudos científicos disponíveis naquele tempo em livros manuscritos. Por isso, nos seus sermões, Santo Antônio cita com a mesma facilidade a Bíblia, os autores da patrologia (isto é, os textos dos Santos Padres), os autores da botânica, da zoologia, da geografia e da linguística. Para Antônio, todas as ciências são lâmpadas que iluminam o texto sagrado da Palavra de Deus do Antigo e do Novo Testamento.

Santo Antônio estudou a fundo a Sagrada Escritura, tanto que uma de suas primeiras biografias afirma que seus contemporâneos costumavam dizer que Santo Antônio sabia de cor toda a Bíblia e acrescenta: "E a sabia de cor com tanta exatidão que, se desaparecesse por ocaso o texto sagrado, Santo Antônio seria capaz de escrevê-lo novamente por inteiro, palavra por palavra"[106].

Não foi o fato de saber a Bíblia de cor que fez de Frei Antônio um grande pregador da Palavra de Deus. Mas sim o fato de ele ter descoberto que, por trás das palavras escritas, estava o Espírito Santo de Deus, o Espírito capaz de iluminar e revelar toda a verdade sobre Deus, sobre o mistério da encarnação, morte e ressurreição, sobre o destino eterno das criaturas. Esta descoberta o fez um contemplativo da Palavra divina. Todo religioso sabe que é absolutamente necessário ritmar os tempos de leitura da Palavra de Deus com os tempos de transformar a leitura em oração, e isto como condição para que o apostolado no meio do povo traga frutos de salvação.

Quando São Francisco nomeou Frei Antônio professor de teologia dos Frades (naquele tempo teologia e estudo da Sagrada Escritura eram sinônimos e o próprio Santo Antônio chama a teologia de "ciência da Sagrada Escritura"), Francisco pôs uma cláusula: "Desde que não extingas o espírito da santa oração e devoção"[107]. Conselho de um grande santo a outro santo, porque a Palavra de Deus é espírito e vida (*Jo* 6,63). Da leitura da Palavra de Deus, devemos passar a seu estudo. E posso lhes

---

[106]Legenda *Benignitas*, II, p. 20.

[107]*Fontes Franciscanas e Clarianas*, Editora Vozes e FFB, Petrópolis, 2004, p. 107.

garantir que quanto mais estudamos a Palavra de Deus, tanto mais se alargam os horizontes da fé e da esperança. Mas estes horizontes tomam um sentido para a nossa fé e nossa esperança, quando passamos do estudo à oração. Ou seja: lemos o texto, estudamos o texto e rezamos a partir do texto. Santo Antônio, para explicar esses passos, emprega uma expressão roceira: ler e estudar a Escritura é como tirar o leite. Rezar sobre o texto é transformar o leite em manteiga e – conforme diz o profeta Isaías – é de manteiga que se alimenta quem quer distinguir entre o bem e o mal e escolher o bem (cf. *Is* 7,15).

Em outras palavras: é preciso rezar sobre a Palavra de Deus, interiorizá-la, como que transformá-la em nossa carne e nosso sangue, para com ela fortificar em nós a vivência das coisas boas e o afastamento das coisas más. É nesta oração sobre os textos Sagrados que entra toda a realidade humana: nossos sentimentos de alegria e tristeza, nossas conquistas e derrotas, nosso trabalho e nossos planos, nossa pessoa e a comunidade inteira. Fazemos nesta oração o encontro entre as coisas humanas e as coisas divinas, entre o tempo que nos é dado viver e a eternidade que esperamos.

É nesta oração sobre a Palavra de Deus que mergulhamos em Deus. Deus nos possui e nós possuímos Deus. Num dos sermões, Santo Antônio exclama: "Não há coração mais feliz do que aquele que possui Deus. Se possuis Deus, possuis tudo". E Antônio imagina um diálogo entre o homem e Deus. Pergunta o homem: "Senhor, que devo dar-te para possuir-te? Responde Deus: Entrega-te a mim e eu me darei a ti. Dá-me o teu coração e tu me terás no teu coração". E então entra no diálogo Santo Antônio e diz: "Homem, queres ter Deus sempre em teu coração? Então, tem-te tu mesmo sempre diante de ti. Onde está o olhar aí está o coração. Tem sempre o olho sobre ti mesmo. Não queiras ser outro. Sê tu mesmo, tal qual ele te criou"[108]. Ele te criou puro, humilde, te criou de um sopro do seu amor. Sê tu mesmo, como Deus te quis, e possuirás Deus!

Com este conselho psicológico, de grande conhecedor de alma humana, Santo Antônio queria que cada cristão tomasse consciência de ser a morada de Deus, de fazer uma comunhão com Deus. O conselho de Santo Antônio já havia sido posto em prática por São Francisco, de quem escreveu o primeiro biógrafo, Celano: "Possuía Jesus de muitos modos: levava sempre Jesus no coração, Jesus na boca, Jesus nos ouvidos, Jesus nos olhos, Jesus nas mãos, Jesus em todos os outros membros"[109].

Quando assim possuirmos Deus, a linguagem das palavras se torna supérflua, porque fala a linguagem do amor, da caridade. E é esta caridade, nascida da contemplação da Palavra divina, nascida da oração sobre os textos sagrados, que impele à evangelização, ao apostolado. Então, a pregação da Sagrada Escritura tem a força de corrigir os vícios, restaurar a santidade e comunicar a sabedoria que conduz à salvação – para usar as palavras de São Paulo.

---

[108]Sermão para o XV Domingo depois de Pentecostes, II, p. 394-395.

[109]*Fontes Franciscanas e Clarianas*, op. cit., p. 279.

Esta sabedoria não consiste no conhecimento intelectual das Escrituras, ainda que as saibamos de cor. Nem consiste em saber interpretá-las. Mas consiste no gosto pelas coisas de Deus que elas – as Escrituras – contêm. A palavra *sabedoria* tem a mesma origem da palavra *sabor*. Sentimos o sabor das coisas de Deus na contemplação da Palavra divina, que nos leva à vivência dos valores ali contidos.

E quem nos faz descobrir e viver esses valores é o Espírito Santo, enviado pelo Pai a pedido de Jesus, para nos fazer compreender a verdade inteira sobre Deus e sobre o nosso destino eterno. Santo Antônio lembra no Sermão de Pentecostes que o Espírito Santo desceu sobre os Apóstolos em forma de línguas. Essas línguas – explica o Santo – descem sobre nós e são os vários testemunhos de Cristo, tais como a humildade, a pobreza, a paciência, a obediência. Estas virtudes, estas línguas, falam, quando os outros as veem presentes em nós[110], ou seja, quando na vida prática, somos humildes, pobres, pacientes e obedientes; e isto pela força do Espírito Santo que nos vem através da contemplação da Palavra de Deus.

Compreendemos, então, que Santo Antônio foi um grande conhecedor das Escrituras, sim, mas foi também e, sobretudo, um grande contemplativo, e, por isso mesmo, um grande pregador. Com Santo Antônio, aprendemos a venerar as Sagradas Escrituras, porque – repetindo as palavras de Paulo a Timóteo – elas "são inspiradas por Deus, úteis para ensinar, corrigir e educar

---

[110] I Sermão para o Domingo de Pentecostes, I, p. 411.

o homem na santidade, para que seja perfeito em sua vida e em suas obras" (*2Tm* 3,16-17).

Termino com uma frase de Santo Antônio, escrita no início do primeiro volume de seus sermões: "Como o ouro está acima de todos os metais, assim a Sagrada Escritura sobrepassa todas as outras ciências. É analfabeto quem não conhece a Sagrada Escritura"[111].

---

[111]Sermões Dominicais, *Prólogo*, I, p. 3.

15

Santo Antônio, Arca do Testamento

Na tradicional ladainha de Santo Antônio, há várias invocações que o lembram como pregador do Evangelho. Por exemplo: *Propugnador da fé* e *Arca do Testamento*.

A palavra 'propugnador' é composta de 'pro', que significa 'em favor de' (o contrário seria 'contra'): pró--governo, contra governo; pró aborto, contra aborto. A segunda parte da palavra é 'pugnador', que é aquele que pugna, verbo usado no português clássico. Pugnar significa combater, lutar. Propugnar significa então 'combater em favor de alguém' ou 'de alguma causa'. Quando invocamos Santo Antônio como propugnador da fé, queremos dizer que ele combateu com a força de sua palavra, de sua inteligência, de seu coração e de suas virtudes, em favor da fé, na defesa da fé, na divulgação e crescimento da fé. Ora, a fé cristã é a soma dos valores do Evangelho. Propugnar, combater, para tornar conhecidos e vividos os valores do Evangelho, é empenhar-se pela fé, pelo Evangelho, por Jesus Cristo e seu ensinamento.

Um dos primeiros biógrafos de Santo Antônio, o poeta, frade e músico Juliano de Spira, escreve em 1235:

"A verdade era nele tão resplandecente que não havia olhos que não a vissem; virtude certamente maior que os milagres. O nosso santo, admiravelmente versado na Sagrada doutrina, dirigia-se a qualquer um com tal precisão que, quer falasse aos grandes quer falasse aos pequenos, feria igualmente cada um com o dardo da verdade"[112].

Outro biógrafo, Frei João Rigauld, escreveu em 1298:

"Antônio, eleito para o ofício da pregação por vontade de Deus, procurando executar com zelo a incumbência recebida, percorria as aldeias, as cidades e os castelos, semeando por toda a parte as sementes da palavra da vida e lançando a rede da divina doutrina. Ele era a trombeta da lei de Moisés, o eco dos profetas, a voz dos apóstolos, o arauto do Evangelho e o mensageiro da verdade salvadora"[113].

Cabe, pois, bem a Santo Antônio o título de 'propugnador da fé'. No II Domingo da Páscoa, ensinava o nosso Santo: "A pregação do Evangelho assemelha-se a uma pena de escrever. Assim como a pena escreve as letras sobre o papel, o pregador deve imprimir no coração do ouvinte a fé e os bons costumes"[114].

Vamos a outra invocação da ladainha, não tão fácil de entender: Arca do Testamento. Foi o Papa Gregório IX

---

[112]*Vida Segunda*, I, p. 128-129.

[113]Legenda *Rigaldina*, III, p. 38.

[114]Sermão para o II Domingo da Páscoa, I, p. 266.

que o chamou de Arca do Testamento, depois de lhe ouvir, em Roma, durante as pregações quaresmais. 'Testamento' aqui é sinônimo de Sagrada Escritura. Que sentido teria chamar Santo Antônio de Arca das Escrituras?

Vejamos os vários sentidos de 'arca'. Primeiro, o sentido que lhe dá o dicionário: caixa grande, baú, cofre para guardar coisas ou preciosidades. Nesse sentido Santo Antônio pode ser chamado de arca da Sagrada Escritura, sim, porque seus contemporâneos são unânimes em dizer que ele sabia de cor as Sagradas Escrituras e tirava do baú de sua memória uma citação depois da outra, tanto do Antigo quanto do Novo Testamento, e aplicava a citação ao assunto que estava desenvolvendo em seu sermão. Cito a Legenda *Benignitas*: "Não havia frase das Santas Escrituras que este servo do Senhor ignorasse. Além disso, era dotado de capacidade para explicar cada página sagrada em qualquer dos sentidos possíveis"[115]. Poucas linhas antes, a mesma Legenda diz: "Era, de fato, um conhecedor profundo da Bíblia. Sabia de cor o texto bíblico com tal exatidão que, se esse texto viesse a se extraviar, Santo Antônio, com o auxílio divino, seria capaz de escrevê-lo de novo por inteiro, palavra por palavra, de modo a restituí-lo ao estado original".

Santo Antônio era bom conhecedor da zoologia, da mineralogia, da botânica, das etimologias. Mas escreve com convicção no Prólogo dos seus sermões: "Como o ouro está acima de todos os metais, assim a ciência sagrada sobressai a toda outra ciência"[116].

---

[115]Legenda *Benignitas*, II, p. 21.

[116]*Prólogo*, I, p. 3.

Um segundo sentido de 'arca' nos lembra a 'Arca de Noé'. A Arca de Noé passou à história como símbolo da esperança e da salvação. Já o livro da Sabedoria mencionava esse símbolo, quando escrevia: "A esperança do mundo refugiou-se num pequeno barco que, pilotado pela mão de Deus, transmitiu para o mundo a semente da vida" (*Sb* 14,6). Antônio foi, de fato, esse pequeno barco de esperança e de salvação. Sabemos que multidões buscaram e continuam buscando nele razões para viver e razões para crer, e, às vezes, apenas razões para sobreviver ao dilúvio de males que nos cercam e atormentam por todos os lados. Esta confiança em Santo Antônio como esperança, a expressamos bem numa outra invocação da ladainha: Auxiliador dos Aflitos!

Recordemos um terceiro simbolismo da arca. Nada era mais sagrado para os hebreus do que a Arca da Aliança, também chamada Arca de Deus (*1Sm* 3,3). Conhecemos a história da Arca da Aliança. Moisés a mandara construir para nela abrigar as tábuas da Lei. A arca passou a ser o símbolo visível da aliança entre Deus e as criaturas, aliança sagrada, lembrança da presença viva de Deus no meio do povo.

Santo Antônio, observante rigoroso dos mandamentos de Deus e dos preceitos de Jesus Cristo, fazia deles o assunto permanente de suas pregações. Não uma pregação teórica, mas uma pregação que incentivava a vivência dos mandamentos: "A pregação – escrevia ele no II Domingo de Páscoa – deve ser sólida, isto é, rica da plenitude das boas obras, propondo palavras verdadeiras e não meramente palavras frívolas, ainda que bonitas"[117]. Tendo escrito os esquemas dos sermões para seus alunos, nosso Santo dá inúmeros conselhos para que sua pregação produza frutos. Há um conselho que vem dado como condição necessária: que o pregador viva o que pregue. É mais fácil tirar água de pedra – dizia ele – do que tirar proveito de um sermão, se o pregador não comprovar suas palavras com o comportamento de sua vida[118].

Santo Antônio podia pregar a Verdade, porque ele vivia da Verdade, que é o Cristo. Santo Antônio podia pregar a Reconciliação, porque era um homem de coração pacificado. Santo Antônio podia pregar a humildade, porque conseguira fazer da humildade o fundamento de todas as qualidades humanas e espirituais. Santo Antônio podia pregar a pobreza e o desapego, porque nada tinha de próprio. Santo Antônio podia pregar o Evangelho, porque não só o sabia de cor, mas também pusera em prática todos os seus preceitos e conselhos. O Evangelho não são só palavras divinas, mas trazem também uma pessoa divina, o Filho de Deus, que assumiu nossa carne e nossa condição no seio de Maria. Este mistério Antônio o viveu de tal modo que mereceu passar à história sempre com o Menino-Deus nos braços e o livro do Evangelho nas mãos.

Termino a reflexão com uma frase do Papa João Paulo II:

> "Santo Antônio ensinou de uma maneira eminente, fazendo do Cristo e do Evangelho uma referência constante

---

[117]Sermão para o II Domingo da Páscoa, I, p. 266.
[118]Sermão para a Páscoa, I, p. 240.

da vida cotidiana e das opções morais, particulares e públicas, sugerindo a todos que alimentem no Cristo e no Evangelho a coragem de um anúncio coerente e atraente da mensagem da salvação"[119].

---

[119]Carta para o VIII Centenário de nascimento de Santo Antônio, 12 de junho de 1994, 3.

16

Santo Antônio, trombeta do Evangelho

Entre as 36 qualidades de Santo Antônio, cantadas em sua ladainha, destaco uma: *Trombeta do Evangelho*. Todos sabemos o que é uma trombeta. Mas Antônio não ganhou esse apelido, esta invocação por ter voz forte e sonora, como de fato tinha, a ponto de ser entendido por uma multidão de 30 mil pessoas em campo aberto[120]. Antônio é trombeta do Evangelho por seu sentido simbólico. E por ser trombeta do Evangelho, seu nome viveu e viverá de geração em geração. São quase oito séculos de multidões que correm para junto de Santo Antônio, para ouvi-lo falar de Deus através dos textos sagrados. Tanto que o Papa Pio XII lhe deu o título de Doutor do Evangelho.

Não dá para separar Santo Antônio do Evangelho. "O anúncio do Evangelho foi o empenho primário do Santo"[121]. Visitando Pádua, em setembro de 1982, declarou

---

[120]Cf. *Vida primeira* (Assídua), I, p. 47.

[121]Luciano Bertazzo, *L'ottavo centenario della nascita di S. Antônio di Padova: Cronaca e documentazione*, Centro Studi Antoniani, Padova 1996, p. 47.

o Papa João Paulo II: "Quero lembrar aquela nota peculiar que aparece como constante nas vicissitudes biográficas deste Santo e que o distingue claramente no panorama, embora amplo e quase ilimitado, da santidade cristã. Durante todo o arco de sua existência terrena, Antônio foi um homem evangélico. E se assim o veneramos é porque cremos que nele pousou, com especial efusão, o próprio Espírito do Senhor. Sua força evangelizadora, longe de se esgotar com o tempo, continua vigorosa e providencial também para os nossos dias"[122].

Antônio, de fato, construiu toda a sua vida sobre o Cristo, que é Evangelho em sua pessoa divino-humana e em seus ensinamentos. Volto a citar um texto do Papa João Paulo II, numa carta aos Ministros Gerais franciscanos: "Toda a pregação de Antônio foi um contínuo e incansável anúncio do Evangelho 'sine glossa'[123]. Anúncio verdadeiro, corajoso, límpido. A pregação era seu modo de acender a fé, de purificá-la, de consolar as pessoas e iluminá-las com a doutrina. Construiu sua vida sobre o Cristo. As virtudes evangélicas, sobretudo a pobreza, a humildade, a mansidão, a castidade, a misericórdia e a coragem da paz eram tema constante de suas pregações"[124].

A entrada triunfal do rei, nos tempos do rei Salomão, era precedida pelo toque das trombetas. Por sua pregação, Antônio fazia entrar nos corações do povo o Cristo Senhor, Rei dos corações. Entronizava no

---

[122]Ministros Gerais, documento *Antônio, homem evangélico*, FFB, 1995, p. 6.

[123]*Sine glossa* significa sem falsas interpretações, sem acréscimos nem diminuições.

[124]Luciano Bertazzo, *L'ottavo centenario della nascita di S. Antônio di Padova: Cronaca e documentazione*, Centro Studi Antoniani, Padova 1996, p. 76.

centro da comunidade Jesus, rei dos reis, Senhor dos Senhores e isto não de modo fictício ou poético, mas de modo real, porque Jesus prometera: onde dois ou mais estiverem reunidos em meu nome, eu estarei no meio deles (*Mt* 18,20). Por isso mesmo, ele ensinava a seus alunos de oratória sacra, no III Domingo da Quaresma: Não anuncies tua própria chegada, não te apoies em tuas próprias qualidades, mas anuncia a chegada do Cristo, atribui tudo a ele, porque sem ele nossa pregação é vã.

O jubileu de 50 em 50 anos, no Antigo Testamento, segundo a ordem de Moisés (*Lv* 25,9), era anunciado pela trombeta. Ora o jubileu significava um ano santo, um ano de retorno a Deus, um ano de perdão de todas as dívidas, um ano de restituição de todas as propriedades, um ano de bênçãos especiais da parte de Deus. E era isto que Santo Antônio pregava: retorno consciente a Deus, perdão mútuo, restituição das coisas compradas por usura, bênçãos infinitas da parte de um Deus, que ama a comunidade reconciliada. Em outras palavras, Santo Antônio pregava a pacificação de todos entre si e a pacificação de cada um com Deus. Antônio era como a trombeta que anunciava a chegada do Jubileu: todos deviam se esforçar para voltar a ser aquelas criaturas santas, saídas das mãos amorosas de Deus e criadas para serem santas como ele, Deus, é santo.

A trombeta tem mais um símbolo, que cabe bem em Santo Antônio. Diz o Evangelho de Mateus (24,31) que Jesus virá, no dia do Juízo, sobre as nuvens do céu, com grande poder e majestade. À sua frente virão os anjos, tocando trombeta, para reunir os eleitos dos quatro cantos da terra. O apóstolo Paulo, lembrando desse texto do Evangelho, escreve na carta aos Coríntios (*1Cor* 15,52): "Num abrir e fechar d'olhos, ao último toque da trombeta, os mortos ressuscitarão incorruptíveis, e nós seremos transformados, porque é preciso que este corpo corruptível se revista de incorruptibilidade". Está, portanto, a trombeta ligada à Ressurreição. Nenhum sentido teria pregar o Evangelho, se não tivéssemos um destino eterno.

Santo Antônio é um fenômeno de comunicação. As páginas que escreveu sobre os evangelhos lidos na liturgia são de alta profundidade exegética e lhe mereceu o título de Doutor do Evangelho. Mas ele conseguia fazer-se entender, ao mesmo tempo, pelo povo simples, ministrando-lhe as mesmas verdades, inculcando as mesmas virtudes. Quando chamamos Antônio de santo do mundo inteiro, o chamamos também porque todas as classes sociais, independentemente do grau de cultura, o entendem e reconhecem nele o autêntico porta voz do Evangelho[125].

Para Santo Antônio não há evangelho sem caridade, sem obras. Dizia-o ao povo. Dizia-o, sobretudo aos pregadores: "Não basta ao pregador pregar a Deus frutuosamente. É preciso que o som de sua língua seja

---

[125]Cf. Legenda *Benignitas*: "Havendo-o Deus cumulado duma graça tão extraordinária, não era de estranhar que todos conseguissem ouvir e compreender perfeitamente a sua pregação, dada a sua linguagem fluente e viva, voz clara e melodiosa, uma espécie de trombeta divina" (II, p. 23).

precedido pelo testemunho das obras"[126]. Em outro sermão ensina: "Perde-se a autoridade de falar, quando a palavra não é ajudada pelas obras"[127]. Há uma frase de Santo Antônio no Sermão para o dia 2 de fevereiro, que é seu retrato perfeito: "Traz nos braços a Cristo quem abraça a Palavra de Deus não só com a boca, mas também com as obras de caridade"[128]. Santo Antônio sabia, como também Jesus alertou, como sabemos todos nós, que existe o perigo de ficarmos apenas nas palavras da boca. No Sermão do XVI Domingo de Pentecostes, o Santo desabafa: "Cessem, por favor as palavras. Falem as obras! Estamos cheios de palavras, mas vazios de obras e, por isso, somos amaldiçoados pelo Senhor como a figueira (*Mt* 21,19), cheia de folhas e sem frutos"[129].

Santo Antônio não fazia distinção de pessoas[130]. Mas sempre foi claro em dizer que só os de coração humilde e desapegado dos bens e do vício da soberba seriam capazes de ouvir com proveito o Evangelho. O título, Trombeta do Evangelho, lhe cabe bem. Ele foi Trombeta do Evangelho, porque anunciou e continua anunciando a presença de Jesus Cristo misericordioso e salvador no meio do povo! É a Trombeta do Evangelho porque anunciou e anuncia um tempo de reconciliação, de perdão, um tempo de especiais bênçãos de Deus para todo o povo e para cada um e cada uma. Santo Antônio

---

[126]Sermão do III Domingo da Quaresma, I, p. 141.

[127]Sermão do II Domingo da Páscoa, I, p. 267.

[128]Sermão para a festa da Purificação, III, p. 351.

[129]Sermão para XVI Domingo de Pentecostes, I, p. 411.

[130]Legenda *Diálogo*, I, p. 162.

é a Trombeta do Evangelho, porque anunciou e anuncia que o Senhor está sempre disposto a conceder graça sobre graça aos humildes e mansos de coração!

17

Santo Antônio, doutor da Igreja

Que significa alguém ser declarado 'doutor da Igreja'? Digamos logo que são, até hoje, só 34 os doutores da Igreja. Os cinco últimos são quatro mulheres (Santa Teresa de Ávila, Santa Catarina de Sena, Santa Teresinha do Menino Jesus, Santa Hildegarda de Bingen) e São João de Ávila. Santo Antônio foi declarado doutor da Igreja em 1946. Para um santo ou uma santa alcançar esse título, são necessários alguns requisitos indispensáveis: santidade insigne de vida; eminente doutrina nas pregações e nos escritos; forte influência de sua doutrina sobre a teologia e o povo; grande difusão de suas ideias teológicas; minucioso estudo e publicação científica de todos os seus escritos; pedido oficial de grande parte do episcopado e, finalmente, um documento declaratório da parte do Santo Padre.

Frei Antônio foi canonizado na festa de Pentecostes de 1232 que, naquele ano, caiu no dia 30 de maio, ainda antes de completar um ano de morto. Conta uma de suas primeiras biografias que, ao terminar o canto do *Te Deum*, o Papa Gregório IX, que tinha conhecido pessoalmente

Frei Antônio e o ouvira pregar numa Quaresma, teria entoado espontaneamente, para admiração dos cardeais e bispos presentes, a antífona própria dos doutores da Igreja, que começa assim: "Ó doutor insigne, luz da Santa Igreja, defensor da Lei divina, Santo Antônio, intercede por nós junto de Deus"[131]. Por isso, a Ordem franciscana, a Itália, Portugal e mais tarde o Brasil, sempre celebraram na festa de Santo Antônio a Missa própria dos doutores da Igreja e sempre o veneraram com o título de Doutor do Evangelho.

E foi esse o título que, oficialmente, o Papa Pio XII lhe concedeu em 1946. Antes de Pio XII, muitos Papas haviam elogiado a sabedoria de Santo Antônio. Para apenas citar um, lembro o Papa Xisto IV, que, em 1472, escreveu uma Carta Apostólica sobre o Santo, afirmando: "O bem-aventurado Antônio de Pádua, como astro luminoso que surge do alto, com as excelentes prerrogativas dos seus méritos, com a profunda sabedoria e doutrina das coisas santas e com a sua fervorosíssima pregação, ilustrou, adornou e consolidou a nossa fé e a Igreja católica inteira"[132].

O documento com que o Papa Pio XII proclamou Santo Antônio Doutor da Igreja começa assim:

> "Exulta, ó feliz Portugal, regozija-te, ó feliz Pádua, porque a terra e o céu vos deram um homem que, qual astro luminoso, brilhou pela santidade da vida e pela fama dos milagres, brilhou pelo esplendor da doutrina, iluminou e continua a iluminar todo o universo".

---

[131]Legenda *Benignitas*, II, p. 39.

[132]Texto citado por Pio XII, *Carta Apostólica em que Santo Antônio é proclamado Doutor da Igreja*, in *Antônio, homem evangélico*, FFB, Petrópolis, 1995, p. 37.

E pouco adiante declara Pio XII:

> "Quem percorrer os 'Sermões' do paduano descobrirá em Antônio o exegeta peritíssimo na interpretação das Sagradas Escrituras e o teólogo exímio na definição das verdades dogmáticas, bem como o insigne doutor e mestre em tratar as questões de ascética e mística"[133].

Não é possível repassar os grandes temas teológicos, expostos nos Sermões escritos de Santo Antônio. Lembro que Santo Antônio não deixou nenhum outro livro fora os Sermões, que não são os sermões que pronunciou ao povo, mas são esquemas para os estudantes de teologia aprenderem como desenvolver um sermão e quais as verdades seguras a serem pregadas. Vários sermões têm mais de um esquema à escolha do pregador, tanto que os 77 sermões que temos, na verdade são 250. E todos em latim.

Os sermões estão repletos de citações da Sagrada Escritura. Passam de 6000 as citações, o que daria uma média de 80 citações por sermão. Longas ou breves, elas constituem um verdadeiro mosaico bíblico[134]. Santo Antônio cita muito o Antigo Testamento, porque as seitas heréticas de seu tempo negavam qualquer valor ao Antigo Testamento e só aceitavam o Novo. Observo que passam de 500 as citações do Evangelho de Lucas, o Evangelista mariano, o evangelista da misericórdia. Os temas lucanos – Maria, misericórdia, alegria, oração – estão fortemente presentes em seus

---

[133]Idem, *op. cit.* p. 37.
[134]Cf. Vergilio Gamboso, *op. cit.*, p. 89.

sermões, acentuando-os na Santíssima Trindade, na vida de Jesus e na história da Igreja.

Santo Antônio foi um dos primeiros teólogos a falar do Sagrado Coração de Jesus, como encarnação da misericórdia divina, também esta uma devoção nascida dentro da mística franciscana. Cito um texto de Santo Antônio:

> "No Coração de Cristo encontramos nosso alimento e podemos dizer com o profeta: 'A minha delícia é estar com o Filho do Homem' (cf. *Pr* 8,31), Jesus, suspenso na cruz, pregado, dessedentado com fel e vinagre, e o lado traspassado. Ó minha alma, esta é a doçura que deves procurar. Nela encontrarás a bem-aventurança"[135].

A teologia de Santo Antônio é cristocêntrica: tudo gira em torno do Cristo, Filho de Deus, encarnado em Maria por obra e graça do Espírito Santo. Num dos sermões de Páscoa, escreve: "Jesus veio e pôs-se no meio dos discípulos (*Jo* 20,18). O lugar próprio de Jesus é o meio, o centro, e isto no céu, no ventre da Virgem, na manjedoura e no patíbulo da Cruz". Santo Antônio passa a explicar porque o centro: Jesus ocupa o centro no céu, porque o Apocalipse afirma que o Cordeiro está no meio do trono (*Ap* 7,17); para explicar por que Jesus ocupa o centro da Virgem Maria, Antônio cita um texto do profeta Isaías, intercalando louvores à Virgem ('Ó Maria Santíssima, exulta com o coração, canta com a boca o teu *Magnificat*, porque o Grande,

---

[135]Sermão para o XV Domingo depois de Pentecostes, II, p. 404.

tornado pequeno e humilde, está no meio de ti, em teu ventre'); no presépio, Jesus está no centro, porque a manjedoura ficou entre o boi e o burro; e na Cruz, todos sabem que ele ficou entre dois ladrões (*Jo* 19,18). E conclui o Santo: "Ele está no meio a fim de que dele, como do centro, partam todas as linhas das graças para nós, que estamos na periferia"[136].

Os Sermões de Santo Antônio são verdadeiro tratado sobre as virtudes e os vícios. Fala muito das virtudes teologais (fé, esperança e caridade); e das virtudes chamadas cardeais (cardeal no sentido de dobradiça, porque são elas que abrem ou fecham as portas das boas obras) e são: a prudência, a justiça, a fortaleza e a temperança. Das demais virtudes, lembra sempre a humildade, o espírito de pobreza e a paciência. No Sermão para o II Domingo da Páscoa, Santo Antônio desenvolve a figura do Apocalipse da mulher vestida de sol, com uma coroa de 12 estrelas na cabeça (*Ap* 12,1-2). E explica:

> "Na nossa cabeça deve existir uma coroa de 12 estrelas, que são as virtudes. Três na fronte: a fé, a esperança e a caridade; três à direita: a temperança, a prudência e a fortaleza; três na parte posterior: a lembrança da morte, o dia do juízo e a pena eterna do inferno; três à esquerda: a paciência, a obediência e a perseverança"[137].

Termino com um trecho de uma de suas primeiras biografias:

---

[136]Sermão para a Oitava da Páscoa, I, p. 252.
[137]Sermão para o II Domingo depois da Páscoa, I, p. 298.

"Este varão santíssimo, na qualidade de mestre da verdade e advogado fiel e eficaz de todos perante Deus, como é do conhecimento de todos, merece, sem nenhuma dúvida, que todos os fiéis cristãos o venerem com piedade e gratidão, o enalteçam com os mais rasgados louvores, o honrem com toda a solenidade e grandiosas festas, e por todo o mundo anunciem ao povo a sua glória"[138].

---

[138]Legenda *Benignitas*, II, p. 41.

18

Santo Antônio, sal da terra

Na festa de Santo Antônio lemos o evangelho do sal da terra, cujo texto segue imediatamente ao das bem-aventuranças e é parte do chamado Sermão da Montanha, como que para dizer que, assim como o sal conserva e dá sabor à comida, as bem-aventuranças conservam os valores do Evangelho e dão gosto à vida.

Digamos logo que a palavra 'sal' tem a ver também com a palavra 'salário', porque houve tempos em que os romanos pagavam a jornada de trabalho com um punhado de sal. Assim como é uma tendência normal nossa querer o aumento do salário, deveríamos também querer sempre melhorar a nossa vida, temperando-a com as coisas da religião, para que tudo o que fizermos tenha o gosto das coisas de Deus e conserve todas as nossas boas obras para a eternidade.

Se alguém perguntasse há 100 anos qual seria a principal função do sal, receberia como resposta: conservar os alimentos. Hoje, as geladeiras e os freezers substituíram, em boa parte, esta qualidade do sal, deixando-lhe como primeira função, que nunca lhe será tirada, a de dar gosto aos alimentos. Em compensação, tornou-se conhecida uma nova qualidade do sal: misturado ao adubo, é um fertilizante.

Não sei se Jesus pensou explicitamente nestas três qualidades do sal ou se já pensou no grande simbolismo do sal no Antigo Testamento. Para o salmista, os profetas e os livros sapienciais, o sal simboliza a sabedoria, palavra ligada a 'sabor' e podemos traduzir por 'gosto pelas coisas de Deus', 'gosto pela presença de Deus', gosto pelo equilíbrio entre a parte humana e a parte divina que constituem a nossa pessoa, e gosto ainda pela Palavra de Deus, base da nossa religião, garantia de estarmos dentro da verdade, semente fecunda da vida eterna.

Se o sal serve para conservar e Jesus disse que devemos ser sal, que coisa devemos conservar? Respondo: os valores expressos no trecho que vem antes e são os valores das bem-aventuranças. E antes de tudo, o Senhor das bem-aventuranças, que é o próprio Cristo Jesus, Filho de Deus que assumiu a condição humana e aceitou ser o nosso Salvador. Ao dizer isto, estou citando três verdades fundamentais de nossa fé:

A primeira, que Jesus de Nazaré, filho de Maria, é o Filho de Deus, a segunda pessoa da Santíssima Trindade, em tudo igual ao Pai e ao Espírito Santo. Portanto, não posso ter de Jesus apenas a ideia de um homem genial, fundador de uma religião, um profeta visionário. Tudo o que posso afirmar em termos humanos de Jesus será nada, se excluo sua divindade antes da encarnação, na encarnação, na vida pública, na paixão e na ressurreição.

Rezamos no Credo: "Filho unigênito de Deus, nascido do Pai antes de todos os séculos, Deus de Deus, luz da luz, Deus verdadeiro de Deus verdadeiro". Esta é a fé que professamos. Esta é a fé que devemos conservar. Ou, como nos ensina Santo Antônio num de seus sermões: "Na Trindade não se devem fazer degraus, de modo que o Pai se creia maior que o Filho, ou o Filho menor que o Pai, ou o Espírito Santo menor que ambos. Deve-se acreditar que são simplesmente iguais, porque qual é o Pai, tal é o Filho e tal é o Espírito Santo"[139].

A segunda verdade, que devemos conservar: junto à fé na divindade de Jesus, vem a fé na sua humanidade. A fé em Cristo homem é igual à nossa fé em Cristo Deus. Como rezamos no Credo: "Ele desceu dos céus e se encarnou pelo Espírito Santo no seio da Virgem Maria e fez-se homem". Ou, como escrevia Santo Antônio no I Domingo depois da Epifania: "Jesus, Deus, Filho de Deus, recebeu da Santíssima Virgem a natureza humana. O Pai deu a divindade, a Mãe a humanidade; o Pai deu a majestade, a Mãe deu a fraqueza"[140]. Em resumo, insistia Santo Antônio num sermão quaresmal: "Devemos crer em Jesus Cristo como verdadeiro Deus e verdadeiro homem"[141].

Há uma terceira verdade que devemos conservar firme e intacta como o sal conserva os alimentos: esse Jesus, Filho de Deus feito homem, é o nosso Salvador. Ninguém

---

[139]Sermão para o VI Domingo depois de Pentecostes, II, 147.

[140]Sermão para o I Domingo depois da oitava da Epifania, III, p. 198-199.

[141]Sermão para o II Domingo da Quaresma, III, p. 100.

salva a si mesmo. Ninguém se autorredime. Ninguém se reencarna para se purificar. Cristo é nosso único Salvador na única vida que temos. Num dos sermões, Santo Antônio insistia com os fiéis: "Cristo é o Messias, o Salvador. O próprio nome o indica. Jesus quer dizer Salvador, e Cristo quer dizer o Ungido de Deus. Peçamos ao Pai, por intermédio de seu Filho que nos salvou, que nos dê a graça e o privilégio do seu amor"[142]. Destas três verdades se deduzem todas as outras. Destas três verdades nascem todas as virtudes. Destas três verdades nascem todas as nossas obrigações morais.

Além de conservar os alimentos, o sal também é condimento. Dá gosto à comida. Não preciso insistir sobre esta qualidade do sal, porque todos a conhecem, tanto os que cozinham quanto os que comem. Mas quero lembrar que o Antigo Testamento, a partir do sabor proporcionado pelo sal, criou o termo 'sabedoria', uma das principais palavras do Antigo Testamento, tão significativa que o Cristo foi chamado de 'Sabedoria de Deus' (*1Cor* 1,24.30). E o Novo Testamento considerou a Sabedoria um dom do Espírito Santo (*Ef* 1,17). Nós somos sábios segundo as Escrituras, quando temos o gosto pelas coisas de Deus e pela presença de Deus em nós e em torno de nós.

A Primeira Biografia, escrita em 1232, fala do sal que condimentava a sua pregação:

> "A sua linguagem, engastada em beleza e com sal condimentada, comunicava muita graça aos ouvintes.

---

[142]Cf. Sermão para o V Domingo depois da Páscoa, I, p. 359-360.

Admiravam-se os mais velhos que um jovem ensinasse, com tanta sutileza, as realidades do espírito; olhavam-no com espanto os mais novos, quando punha, com clareza mais clara que a luz do sol, as causas mínimas e as ocasiões do pecado e, com muita discrição, semeava os bons hábitos das virtudes"[143].

Santo Antônio foi um homem de sabedoria, não pelos muitos conhecimentos que tinha, mas porque viveu mergulhado em Deus e nas coisas de Deus. Por isso, na sua festa, lê-se um trecho do elogio à Sabedoria, que começa assim:

> "Preferi a Sabedoria aos cetros e aos tronos. Em comparação com ela, julgo um nada todas as riquezas. Não a igualo à pedra mais preciosa, porque diante dela todo o ouro do mundo é um punhado de areia. A seu lado, a prata é lodo. Amo-a mais do que a saúde e a beleza. Com ela me vêm todos os bens. A Sabedoria é a mãe de todos os bens" (*Sb* 7,8-10).

O espírito de sabedoria exige que não nos adaptemos à mentalidade consumista, segundo a qual Deus vale apenas pelos favores que nos presta e quando nos presta. Escrevendo aos Romanos, São Paulo exorta: "Não vos adapteis ao modo de pensar deste mundo, mas renovai a vossa mentalidade" (*Rm* 12,2).

Por isso, em todas as suas pregações, Santo Antônio lembrava as verdades da fé, lembrava as virtudes, que são a vivência da fé, e lembrava os vícios que devem

---

[143]Legenda *Assídua*, I, 44.

ser combatidos e superados. E sabia dizer as coisas mais duras aos ouvidos e as coisas mais doces da ternura de Deus, de Jesus e de Maria. E isso porque era sal que sabia conservar, era sal que sabia condimentar na medida justa, a tal ponto de ser escutado com alegria e proveito por santos e pecadores, por gente de grande inteligência e analfabetos, pelo Papa e pelos hereges, porque sua palavra era a Palavra de Deus, genuína como o sal, saborosa como o maná caído do céu (*Êx* 16,14-15), que "satisfazia todos os gostos" (*Sb* 16,20-21).

19

Santo Antônio
e a paciência

Quem não tem necessidade de paciência? Uma virtude que se torna difícil em nosso tempo, quando tudo deve acontecer de imediato, quando a rapidez é qualidade admirada, quando se tem ou se procura recurso para todos os contratempos.

A palavra *paciência* tem vários significados no nosso dia a dia. Por exemplo, dizemos que Fulano perdeu a paciência depois de esperar uma hora na fila. Esta paciência é sinônimo de calma, compostura. Não é só desta paciência que falaremos.

Existe a paciência de quem espera até o extremo por alguma coisa ou por alguém. Temos um belo exemplo na parábola do Filho Pródigo: o velho pai esperou pacientemente a volta do filho (*Lc* 15,11-24). Esta paciência traz consigo a esperança, a persistência, a perseverança. Esta paciência também entra na nossa reflexão de hoje.

Existe ainda a paciência, que consiste na capacidade de persistir num trabalho difícil ou com muitos pormenores. Frases como estas: "Precisa-se de muita paciência para fazer um trabalho assim" ou "Eu não tenho paciência para cuidar de crianças" são típicas. Às vezes, esta paciência é chamada de "beneditina".

Quero falar, sobretudo, da virtude da paciência, que me leva a seguir Jesus na tribulação, na perseguição, na humilhação, na fome, na tentação, em todas as situações adversas da vida. Virtude, que me esforço por ter, porque o Cristo foi um homem de paciência diante de suas cruzes. Digo "cruzes" no plural, porque são muitas e de muitas espécies as cruzes da vida, ainda que todas elas se identifiquem com a Cruz do Calvário.

Num dos sermões, Santo Antônio lembra que havia no Antigo Testamento (*Ez* 43,13) o costume de abrir um buraco e pôr um receptáculo no altar, para nele recolher as cinzas dos animais queimados no sacrifício, para que o vento não as espalhasse. Santo Antônio acrescenta: "Se não houver no altar do teu coração a paciência, bastará uma leve brisa para dispersar todas as tuas obras que ofereces a Deus"[144].

São Paulo, na Carta aos Romanos, vê todo o Antigo Testamento como o tempo da paciência de Deus diante da infidelidade do povo. O salmo 103 é um hino de louvor à paciência de Deus:

> "O Senhor é clemente e misericordioso, lento para a cólera e rico de amor. Não está sempre acusando nem guarda rancor para sempre. Não nos trata segundo os nossos pecados nem nos paga segundo as nossas culpas. Como o pai ama o filho com ternura, assim Deus ama as suas criaturas" (*Sl* 103,8-13).

---

[144]Sermão para o VII Domingo depois de Pentecostes, II, p. 155.

Num dos sermões do Advento, Santo Antônio lembra também a imensa paciência de Deus, citando o profeta Isaías (43,2-3): "Quando passares pela água, eu estarei contigo e os rios não te cobrirão. Quando caminhares por entre o fogo, não serás queimado e a chama não arderá em ti, porque eu estou contigo. Deus é um Deus paciente e consolador"[145].

Jesus é a encarnação da paciência divina. Assumiu pacientemente todos os pecados e a incredulidade humana. Enfrentou pacientemente a paixão, tornando-se modelo de paciência diante dos sofrimentos físicos, psíquicos e morais. Santo Antônio, olhando para o Cristo sofredor, imagina-o abrindo uma feira para vender quatro grandes riquezas suas: a pobreza, a humildade, o sofrimento e a perseguição: "Se fores a esta feira das riquezas de Cristo, vê antes se tens no coração a moeda da paciência e da alegria. Se não tens a paciência e a alegria, aconselho-te a não ir à feira de Cristo, porque voltarás para casa sem nada"[146]. Em outras palavras: só quem tem paciência é capaz de compreender o mistério do sofrimento e da Cruz do Senhor, e estar junto dele.

Por causa da paciência de Deus e da paciência de Cristo, a criatura humana deveria revestir-se também ela de paciência. De paciência diante das provações que nos vêm de Deus. O sofrimento é um mistério. Bem sei que muita gente descrê de Deus, exatamente

---

[145]Sermão para o II Domingo do Advento, III, p. 94.
[146]Sermão para o IX Domingo depois de Pentecostes, II, p. 205.

por causa do sofrimento e do mal no mundo. Eles, de modo especial, precisam de paciência e precisam compreender que a paciência não é uma qualidade negativa dos que não têm coragem, mas uma qualidade dinâmica e inteligente das pessoas psíquica, social e religiosamente maduras. Disse Santo Antônio num de seus sermões: "Quando se tem paciência, nenhum sofrimento é insuportável"[147].

São muitos os exemplos na vida de Santo Antônio em que ele enfrentou o sofrimento com paciência. Lembro a frustração de seu plano de ser missionário na África, quando uma febre violenta e persistente levou as autoridades do Marrocos a devolvê-lo a Portugal. Foi naquele retorno que o navio sofreu uma tempestade e foi parar avariado nas costas da Sicília, onde Deus esperava por Frei Antônio, desconhecido Frade português, que não se mantinha em pé por causa da febre que o consumia. E Deus fez dele um dos maiores pregadores do Evangelho. Através do sofrimento levado com paciência, Deus mudou a história de Frei Antônio e de muita gente. Por isso, num dos Sermões, insistia o Santo: "A paciência não teme as dificuldades"[148].

Os Apóstolos Pedro, Tiago e Paulo insistem, em suas cartas, na paciência diante das tribulações e perseguições e esperanças frustradas que as primeiras comunidades padeciam. São Paulo lembra que, pela

---

[147]Sermão para o II Domingo depois da Oitava da Epifania, III, p. 223.
[148]Sermão para a festa de São João Evangelista, III, p. 279.

paciência nas provações, a vida de Cristo se manifesta em nossa vida. Cito textualmente a segunda Carta aos Coríntios: "Somos perseguidos, mas não estamos desamparados. Somos abatidos até o chão, mas não perdemos a esperança. Trazemos no corpo a morte de Jesus para que a vida de Jesus se manifeste em nosso corpo" (*2Cor* 4,9-10). Dizia Santo Antônio: "O cristão, na perseguição, cobre-se com o manto da paciência, e com isto, como prometeu Jesus (*Lc* 21,19), a paciência lhe salvará a vida"[149].

Em outro sermão, Santo Antônio procura despertar a paciência, olhando para o coração do próprio sofredor. Diz: "Quem não pode ou não consegue guardar a virtude da paciência, por causa de afrontas recebidas por palavras, lembre-se de Davi que, ao ser insultado e apedrejado, recordou-se de seu próprio pecado". E completa o Santo: "Toleramos bem os insultos recebidos, quando recordamos os males que fizemos"[150].

Quero ainda citar um dos maiores psicólogos, falecido em 1961. Refiro-me a Carlos Gustavo Jung. Numa carta escrita no dia 12 de maio de 1956, ele dizia: "A melhor maneira de derrotar o diabo é a paciência"[151]. O diabo do inferno, o diabo das tentações, o diabo do sofrimento, o diabo das injúrias, o diabo de todas as misérias. Dizia ainda Santo Antônio: "A paciência é uma pedra preciosa. Com ela, deves construir um

---

[149] Sermão para a festa de São João Evangelista, III, p. 279.
[150] Sermão para o IV Domingo depois de Pentecostes, II, p. 84.
[151] C.G. Jung, *Cartas*, vol. III. Editora Vozes, Petrópolis, 2003, p. 22.

muro para a tua alma, reforçando-a e defendendo-a contra todas as perturbações"[152]. Porque "a paciência – dizia ainda o Santo – é a melhor maneira de vencer na vida"[153] e é "com as penas da paciência que poderás construir o teu ninho na vida eterna"[154].

[152]Sermão para o XV Domingo depois de Pentecostes, II, p. 411.
[153]Sermão para a festa da Purificação, III, p. 41.
[154]Sermão para a festa de São João Evangelista, III, p. 279.

20

Santo Antônio, mestre de oração

Santo Antônio foi um homem de oração. Não se entende um santo sem a oração. Não se pode imaginar um cristão sem a oração. A legenda *Rigaldina* assim lembra Frei Antônio como um homem educado na oração e orante ao longo de todo o dia:

> "Pois que o bem-aventurado Antônio tinha aprendido de seu mestre Francisco que a perseverança na oração era a coisa mais desejável para um homem religioso (o bem-aventurado Francisco afirmava que ninguém podia progredir no serviço de Deus a não ser que se esforçasse por elevar a mente ao alto por meio da assiduidade na oração[155]), o servo de Deus aplicava-se afincadamente à oração"[156].

Santo Antônio não tem nenhum tratado específico sobre a oração. Mas nas mais de duas mil páginas

---

[155]Cf. São Boaventura, *Legenda Maior*, 10,1: "Sobre todas as coisas, dizia Francisco, deve o irmão desejar a graça da oração e incitava seus irmãos por todas as maneiras possíveis a praticá-la zelosamente, convencido de que ninguém progride no serviço de Deus sem ela".

[156]Legenda *Rigaldina*, III, p. 34.

que escreveu, explicando os evangelhos dominicais e festivos, a oração em si e o nosso dever de fazer oração estão sempre presentes.

A palavra 'oração' vem do substantivo latino *os, oris*: boca. Oração então significa dizer com a boca. Nós fazemos muita oração com os lábios. Muita oração nossa é externada em voz alta. Santo Antônio falou mais vezes da oração externada com a boca. Toda manhã a Igreja abre o Ofício Divino com o verso do Salmo: "Abri, Senhor, os meus lábios e minha boca proclamará o vosso louvor" (*Sl* 51,17). Lembrou, porém, que a oração dos lábios pode não ser verdadeira oração[157]. Já Jesus chamara a atenção para o perigo, quando citou o profeta Isaías (29,13): "Este povo me honra com os lábios, mas seu coração está longe de mim. Sua oração não tem valor" (*Mt* 15,8).

Há uma outra palavra para dizer Oração. É a palavra *prece*, que também vem do latim '*praecor*', ou seja 'dizer com o coração'. Santo Antônio mais vezes lembrou que toda a oração deve ser uma prece, ou seja, deve partir do coração. Ora, a palavra 'coração' na Bíblia significa meu ser inteiro, meu modo de pensar, de agir, de sentir, de falar, de trabalhar, de me relacionar. Ainda que a oração seja vocal, não devemos separar boca e coração: "Na oração não dividam o espírito a ponto de terem uma coisa na boca e outra no coração. O espírito dividido não sabe rezar. Devemos nos esforçar por sermos íntegros, ou seja, que a língua esteja em consonância com o coração"[158].

---

[157]Cf. Sermão para o I Domingo da Quaresma, I, p. 91. Sermão para a Epifania, III, p. 318.
[158]Sermão para o X Domingo depois de Pentecostes, II, p. 255.

Minha oração, portanto, deve me envolver por inteiro. Não é boa a oração que nasce apenas nos lábios. Ela precisa nascer do coração, ou seja, deve me envolver por inteiro. Por isso, posso rezar com meus olhos, com meus ouvidos, com meus braços, com minhas mãos, com meu corpo inteiro. Posso rezar com meus olhos, quando contemplo Deus presente em sua criação, numa paisagem, numa pintura, numa estátua. Posso rezar com os ouvidos, quando escuto a voz de Deus em tudo o que me cerca, e Deus costuma falar muito através das criaturas e dos fatos. Posso rezar com meus braços, quando eles se abrem para acolher e se fecham para abraçar alguém com ternura e amor. Posso rezar com minhas mãos, não só quando elas se juntam, mas, sobretudo, quando elas se abrem em caridade, em doação, em bênção e apoio a alguém.

Muitas vezes Santo Antônio nos advertiu que nossa oração expressa com os lábios, para ser verdadeira, deve vir do coração (ou seja, me envolver por inteiro) e continuar nas boas obras. Ele chega a falar em oração da boca, do coração e das obras[159]. A oração oral deve expressar o coração (o meu ser inteiro) e a oração que nasce do meu coração deve me levar às obras boas. Por isso ele advertiu: Cuidado com a oração que não se transforma em caridade! E cuidado com a caridade que não nasce da oração.

Segundo Santo Antônio, se nossa oração implica nossos lábios, nosso coração, nossos olhos, nossos ouvidos, nossas mãos, nosso corpo inteiro, nossa mente e vontade, é, então, preciso, que nossa vontade, nossa

---

[159]Sermão para o VI Domingo da Páscoa, I, p. 388.

mente, nossas mãos, nossos ouvidos, nossos olhos, nossos lábios sejam instrumentos de oração. O Santo lembra que nossos lábios não podem estar cheios de maledicências; nosso coração não pode estar carregado de orgulho; nossos olhos não podem estar cheios de ganância e luxúria; nossas mãos não podem amassar o pão da maldade. É preciso que nossos lábios estejam cheios de bênçãos; que nosso coração esteja cheio de humildade; que nossos olhos sejam sinceros e puros[160].

Também Santo Antônio, como todos os mestres de espiritualidade, afirma que para rezar é preciso fazer silêncio. O silêncio externo ajuda muito. Mas não é essencial. São Francisco ensinava aos Frades que levassem consigo pelas estradas do mundo sua cela[161]. O silêncio que se requer para a oração é o do coração. Há corações em permanente barulho: o barulho dos interesses, da vaidade, da inveja, do ódio, da prepotência, da vingança. Esse barulho pode nos levar a rezar apenas com os lábios e será uma oração estéril. O silêncio do quarto ou a beleza do jardim claustral ou o romântico caminho pelo bosque podem me ajudar. Mas preciso aprender a silenciar meu coração em qualquer lugar que me encontre. Para quem tem o coração cheio de mundo não há claustro silencioso. Digo mais: o silêncio do meu

---

[160]Cf. Sermão para o II Domingo da Páscoa, I, p. 273 e 275.

[161]"Embora viajando, seja vossa conduta tão humilde e honesta como se estivésseis num eremitério ou numa cela, porque em qualquer lugar em que nos encontrarmos – mesmo em viagem – nossa cela está em nós mesmos. Com efeito, nosso corpo é uma cela em cujo interior mora – como um eremita – a nossa alma para orar ao Senhor e meditar nele. Portanto, se a alma não vive tranqüila nesta sua cela, de pouca utilidade será ao religioso a construída pela mão dos homens" (O Espelho da Perfeição, 65).

coração não depende do silêncio exterior. O silêncio exterior é apenas uma possível ajuda, como o é uma escada. Mas se meu coração está cheio de preocupações mundanas, não há lugar para a piedade. Por isso Santo Antônio insistia tanto na humildade do coração como condição de boa oração. A piedade não vinga em coração orgulhoso. O silêncio do coração é uma virtude que se aprende. Repito: é uma condição prévia e necessária para a oração.

Outra advertência do Santo: precisamos rezar em todas as circunstâncias, na prosperidade e na adversidade[162]. Quem só reza quando tem uma necessidade, periga rezar só com seus lábios interesseiros e sua oração será como bolha de sabão soprada, que se desfaz. Podemos dizer de Santo Antônio o que se disse de São Francisco: não se transformara apenas num orante, mas na própria oração[163]. Ou seja, tudo quanto fazia se transformava em oração. Já São Paulo nos ensinava: "Tudo quanto fizerdes em palavras ou obras, fazei-o em nome do Senhor Jesus, para a glória de Deus Pai" (*Cl* 3,17). Ou seja: transformai todos os vossos gestos, todo o vosso trabalho em oração. Desta atitude orante é que brota a verdadeira caridade. Oração e caridade são faces da mesma medalha. Uma não existe sem a outra.

Santo Antônio foi professor de teologia e durante vários anos ensinou aos jovens Frades como preparar e fazer as pregações. E lhes aconselhava primeiro, e antes

---

[162]Cf. Sermão para o XV Domingo de Pentecostes, II, p. 401.

[163]Tomás de Celano, *Vida Segunda*, 94.

de tudo, que fossem homens de oração demorada e profunda[164]. Depois, que estudassem muito para terem um grande conhecimento bíblico. Em terceiro lugar, pedia-lhes que treinassem a linguagem para poder falar das coisas de Deus de forma simples e clara a ponto de todos, inclusive os analfabetos, entenderem o sermão. E, por fim, lhes dizia: É preciso aprender a pôr todos os aplausos recebidos não no próprio coração, mas no coração de Deus.

Todos os mestres de espiritualidade nos ensinam que a melhor forma de oração é a contemplação. Santo Antônio retorna muitas vezes a ela. Fala dos principiantes, os que se esforçam por esvaziar o coração de todos os ruídos interesseiros; dos que perseveram na conquista da paz interior; e dos que, depois de muito esforço e treino, conseguem "o repouso do espírito"[165]. Fiel ao modo franciscano de ver Deus e o mundo, Antônio não separa a contemplação da ação, ou seja, não separa a devoção da caridade. No sermão do II Domingo da Páscoa ele o diz de forma muito plástica: "O prelado tem dois olhos, um é a contemplação de Deus; o outro é a compaixão pelo próximo"[166]. Ou seja: devem andar juntas, devem se complementar, uma deve ajudar a iluminar a outra. E no sermão para o II Domingo da Quaresma ensina claramente: "Diz o evangelista que o rosto de Jesus, no Tabor, resplandecia como o sol".

---

[164]Cf. Sermão para a Oitava da Páscoa, I, p. 246.

[165]Sermão para a festa de São João Evangelista, III, p. 268.

[166]Sermão do II Domingo da Páscoa, I, p. 277.

Resplandeça também o rosto da nossa alma como o sol, a fim de que transforme em obras o que vemos pela fé; e o bem que discernimos no interior, o executemos fora, na pureza da obra, com a virtude da discrição; e o que saboreamos na contemplação de Deus, se torne vida no amor do próximo[167]. Para Santo Antônio, a contemplação não é privilégio: está ao alcance de todos e é parte da verdadeira caridade.

Volto à Legenda *Rigaldina*, escrita em torno de 1300. Numa frase resume Antônio orante e missionário, Antônio contemplativo e taumaturgo: "Tendo a mente elevada na oração, empenhando-se nas boas obras, mortificando-se com o jejum e a abstinência, era muito fervoroso na pregação da Palavra e poderoso em operar milagres"[168].

Antônio foi um homem de oração como Jesus, como todos os santos. Antônio ensinou seus alunos a serem homens de oração para poderem ser bons pregadores do Evangelho. Antônio nos admoesta a não ficarmos na oração dos lábios, mas que envolvamos todo o nosso ser na oração. Lembra-nos que toda a boa oração nos leva à caridade das boas obras. Adverte-nos que a caridade sem oração é falsa. E a oração sem a caridade é vazia.

---

[167] Sermão do II Domingo da Quaresma, I, p. 103.
[168] Legenda *Rigaldina*, III, p. 36.

21

Santo Antônio, Sacerdote segundo o Coração do Altíssimo

Santo Antônio: Sacerdote segundo o Coração do Altíssimo. Uma invocação da ladainha do Santo. Penso que a melhor forma de desenvolver esta meditação é ver quais qualidades nosso Santo via em Jesus Bom Pastor.

Já a palavra 'sacerdote' nos oferece uma reflexão. É composta em latim de duas palavras, bem visíveis também em português: *sacer* (que significa *sagrado*) e *dos* (que significa *presente, dom, dote*). O sacerdote é, então, um presente sagrado que Deus dá ao povo. É uma pessoa que se doa à comunidade em nome de Deus e, por isso, é um dom sagrado. Além de doar-se, o sacerdote doa coisas sagradas, sobretudo a Eucaristia, chamada de Santíssimo Sacramento, e os outros sacramentos, como o Batismo e o perdão dos pecados, e os sacramentais, como a Palavra das Escrituras e as bênçãos.

O sacerdote, portanto, é um presente de Deus ao povo, um presente que, por sua vez, repassa ao povo as coisas de Deus. Exatamente como Jesus, o maior presente de Deus à humanidade, que a Carta aos Hebreus chama de grande Sumo Sacerdote (*Hb* 4,14-15), e que repassou ao povo todos os sacramentos e o seu Evangelho, ou seja, sua palavra e sua pessoa, "Caminho, Verdade e Vida" (*Jo* 14,6). Por isso Santo Antônio chama o sacerdote de "Vigário de Jesus Cristo"[169]. A palavra 'vigário' significa aquele que faz as vezes de um outro, que lhe é superior. O sacerdote, portanto, faz nesta terra as vezes de Jesus Cristo, quando consagra, quando absolve, quando prega, quando batiza. E, para espanto das criaturas, com o mesmo poder divino de Cristo: "Recebei o Espírito Santo. A quem perdoardes os pecados serão perdoados" (*Jo* 20,22-23). "Eu vos dou a minha garantia: tudo o que ligardes na terra, será ligado no céu" (*Mt* 18,18).

Se o sacerdote faz as vezes de Jesus Cristo, é evidente que deverá ter as qualidades de Cristo, ao menos aquelas qualidades que cabem numa criatura humana. No longo Sermão que Santo Antônio escreveu para o II Domingo da Páscoa, quando então se lia o Evangelho do Bom Pastor (*Jo* 10,1-18), enumera ele as qualidades do bom pastor. Não são poucas nem pequenas. Mas são exatamente as qualidades que admiramos em Santo Antônio, sacerdote e pregador, e por isso mesmo dizemos que foi um "Sacerdote segundo o Coração do Altíssimo".

No Sermão sobre o Bom Pastor, Frei Antônio se demora em dizer por que Jesus afirmou: "Eu *sou* o bom

---

[169]Sermão para o II Domingo depois da Epifania, III, p. 212.

pastor" (*Jo* 10,11), com o verbo no presente, porque "para ele nada é passado ou futuro, mas tudo lhe é presente"[170], presente porque ele age hoje nos Bispos e Sacerdotes da Igreja. Falando dos Bispos e Padres, Santo Antônio diz que eles são o rosto de Cristo na terra, porque é através deles que conhecemos a pessoa e os ensinamentos de Jesus. Santo Antônio é claro: "Todo bom Sacerdote deveria poder dizer: 'Eu sou o bom pastor', e para ser bom é necessário ser semelhante ao Filho de Deus"[171].

As qualidades do Sacerdote que o tornam semelhante ao Bom Pastor pressupõem como condição de partida: que ele cultive a pobreza e a humildade. Só sobre o chão da humildade e da pobreza podem existir e crescer as qualidades do Bom Pastor. E mais, não uma humildade de conveniência ou uma pobreza deprimente, mas uma humildade sincera e uma pobreza voluntária, envoltas em grande amor[172], como foi grande o amor do Filho de Deus ao assumir pobre e humilde a condição de Bom Pastor.

Santo Antônio enumera, então, sete qualidades do Sacerdote que deseja ser o Bom Pastor no meio do povo:

1. Pureza de vida. Não só pureza no sentido de castidade. Mas também pureza de intenção e de comportamento. Ou seja, diz o Santo, que tenha o domínio sobre os cinco sentidos corporais: os olhos, os ouvidos, a boca, o gosto e o tato.

---

[170]Sermão para o II Domingo da Páscoa, I, p. 268.
[171]Ibidem, p. 273.
[172]Ibidem, p. 277

2. Conhecimento da Sagrada Escritura, cujo texto "ressoa doce aos ouvidos de Deus e renova a alma"[173]. Santo Antônio recorda que nos tempos do rei Salomão, os israelitas não tinham ferreiros suficientes e, por isso, iam amolar as facas, enxadas e foices nos ferreiros filisteus. E pergunta: por que Bispos e Sacerdotes vão buscar ajuda e ensinamentos em outras fontes e não se servem da abundante fonte das Sagradas Escrituras?

3. Eloquência no falar. Pode parecer estranho que o Santo exija eloquência, ou seja, voz boa e forte, já que falavam sem microfones e, tantas vezes, em praça ampla e até mesmo em campos abertos. Eloquência, ou seja, frases bem feitas, compreensíveis a todos, com ideias concatenadas. Eloquência, ou seja, um discurso que toque as mentes e os corações, provoque a vontade e leve o ouvinte a tomar a decisão de melhorar sua vida diante de Deus e da comunidade.

4. Perseverança na oração. Nosso Santo parte de um verso do Apocalipse (*Ap* 21,23), onde se diz que na nova Jerusalém não se precisará mais nem do sol nem da lua, porque Cristo iluminará a todos. A todos, acrescenta o Santo, que entrarem nessa luz através da oração constante. É a oração antes, durante e depois da pregação que ilumina e fecunda as palavras do bom pregador.

5. Misericórdia para com os pobres. A misericórdia se concretiza em obras. Ensina Santo Antônio: "Perde-se a autoridade de falar, quando a palavra não é ajudada

---

[173]Ibidem, p. 274.

pelas obras"[174]. "É esta misericórdia – insiste Santo Antônio – que expulsa a lepra da avareza e torna bela a alma"[175]. Se Jesus, o Filho de Deus, é a encarnação da misericórdia, seus gestos são de misericórdia. E ele se voltou, sobretudo, para os pobres. Por isso, o Sacerdote bom pastor necessariamente será um pai para os pobres.

6. Disciplina em todo o comportamento. À primeira vista parece que a disciplina gera mal-estar e até tristeza. Mas ela é fonte de paz e de justiça. Quem é disciplinado sabe enfrentar com serenidade tentações, dificuldades e contratempos.

7. Cuidado carinhoso para com o povo que lhe foi confiado. O Santo parte da frase de João na Última Ceia: "Tendo Jesus amado os seus, amou-os até o extremo" (*Jo* 13,1). Até o extremo da morte. O Sacerdote que é bom pastor amará o povo e dará a vida por ele.

Nossa reflexão continua fácil agora. Basta-nos ver na pessoa de Santo Antônio estas qualidades, que ele propõe para o Sacerdote bom pastor e teremos a figura do Santo: Sacerdote segundo o Coração do Altíssimo. Vamos às opiniões dos Confrades que conviveram com ele. Suas opiniões estão nas chamadas Legendas, ou seja, nas pequenas biografias escritas para serem lidas ou no Ofício Divino ou durante as refeições do meio-dia.

Já falamos de sua pobreza e sua humildade. Não resisto acrescentar mais um texto que encontrei na Legenda chamada *Rigaldina*, escrita em 1298: "Nada

---

[174]Ibidem, p. 267.
[175]Ibidem, p. 276.

levava consigo quando ia pelas estradas; amava a pobreza como um grande tesouro; percorria as terras e as províncias em grande pobreza como peregrino e estrangeiro no mundo. Sabia suportar a fome como o Apóstolo, sabia gloriar-se nos tormentos da pobreza"[176].

Outra Legenda, chamada *Benignitas*, escrita em 1280, observa: "A respeito das qualidades de Antônio, sobressaía nele uma humildade nunca vista"[177].

Todas as Legendas são unânimes em elogiar seus conhecimentos da Sagrada Escritura. Escolhi dois. O primeiro tiro da Legenda chamada *Assídua*, escrita em 1232:

> "Por um lado, pesquisando com muita curiosidade a profundeza das palavras de Deus, fortificou a inteligência com os testemunhos da Escritura. Por outro lado, examinou com aprimorada pesquisa as palavras dos Santos. Por último, confiava o que lia à memória com tanta segurança, que conseguia revelar a todos prontamente os segredos das Sagradas Escrituras[178]".

O segundo depoimento o tomo da Legenda *Benignitas*:

> "Era, de fato, um conhecedor profundo da Bíblia ... Sabia de cor o texto bíblico com tal exatidão que, se esse texto viesse a se extraviar, Santo Antônio, com o auxílio divino, seria capaz de o escrever de novo por inteiro, palavra por palavra, de modo a restituí-lo ao estado original[179]".

---

[176]Legenda *Rigaldina* VI, 1.2. Vol. III, p. 31.
[177]Legenda *Benignitas*, IX, 1, II, p. 19.
[178]Legenda *Assídua*, III, 5, I, p. 37.
[179]Legenda *Benignitas*, X, 2. II, p. 21.

Poder-se-ia dar um elogio maior do que esse? De sua excepcional eloquência, colho dois depoimentos, ambos da Legenda *Benignitas*: "Em questão de cultura e eloquência dificilmente se encontraria alguém que lhe chegasse aos calcanhares"[180]. O segundo:

> "Ficavam todos suspensos da palavra do servo de Deus, de olhos fixos nele sem pestanejarem, sem fazerem caso de qualquer incômodo. Com a máxima devoção corriam para escutar sua palavra, como se do céu tivesse descido um anjo em figura humana para pregar à imensa multidão reunida"[181].

Entre os vários depoimentos sobre sua disciplina de vida, colho um só, tirado da Legenda *Raimondina*, escrita em 1293. Escolhi este, porque fala também de sua humildade e simplicidade: "Oh pregador eminente, cuja vida foi ilustrada pela humildade espontânea, pela sincera simplicidade e pela íntegra disciplina!"[182].

Antônio foi um homem de oração. Comenta a Legenda *Rigaldina*:

> "O bem-aventurado Antônio tinha aprendido que a perseverança na oração era a coisa mais desejável para um homem religioso. Aprendera que ninguém pode progredir no serviço de Deus a não ser que se esforce por elevar a mente ao alto por meio de continuada oração. Ele se aplicava afincadamente à oração"[183].

---

[180]Legenda *Benignitas*, II, XI, 3. Vol. II, p. 22.

[181]Legenda *Benignitas*, p. 22.

[182]Legenda *Raimondina*, II, VI, 14, p. 69.

[183]Legenda *Rigaldina*, III, VIII, 1, p. 34.

Colhi ainda outro pensamento da Legenda *Rigaldina*, que mostra como seus Confrades viam nele uma pessoa que sabia unir oração e obras: "Porque não cessa de orar quem não cessa de fazer o bem, o bem-aventurado insistia inúmeras vezes nas boas obras, para que o adversário o encontrasse sempre ocupado nelas"[184].

Santo Antônio foi verdadeiramente um bom pastor. Não só pregou o Evangelho, mas também viveu as verdades que pregava. Não só escreveu sobre Jesus Bom Pastor, mas também foi ele mesmo um bom pastor.

Termino, citando novamente a Legenda *Benignitas*:

> "De fato, quase desde o início de sua carreira ele se mostrou a todos um servo de Deus, exemplo de perfeita contemplação, de profunda humildade, de obediência pronta, de zelo ardente pelo bem das almas, de retidão absoluta, de discreta justiça, de extrema austeridade em domar a carne, de grande honra para a sua família religiosa"[185].

E eu concluo: de grande honra para todos nós.

---

184 Legenda *Rigaldina*, III, VII, 10, p. 35.
185 Legenda *Benignitas*, II, X, 5, p. 21.

22

Santo Antônio
e o Evangelho da Vida

A expressão 'Evangelho da Vida' é do Papa João Paulo II que, em 1995, escreveu uma Encíclica com este título: *O Evangelho da Vida*. Ele começava a encíclica com esta frase: "O Evangelho da vida está no centro da mensagem de Jesus". Por isso, a vida estará sempre no centro da mensagem da Igreja.

Podemos olhar para a vida ao menos sob três aspectos. O primeiro é o biológico: a vida que recebemos de nossa mãe e nosso pai. Fomos concebidos, fomos gestados e nascemos. Fomos concebidos: nossa concepção nunca é obra do acaso. No primeiro instante da concepção, Deus infunde a alma, única e irrepetível. No sermão do XIV Domingo de Pentecostes, Santo Antônio ensina com clareza: "Criar é fazer alguma coisa do nada. Deus cria cada alma do nada; infundindo a alma, cria, e criando a alma, a infunde"[186]. Para quem tem fé, esta é uma

---

[186]Sermão do XXVI Domingo de Pentecostes, II, p. 616.

lembrança belíssima: somos fruto não só do amor de nossa mãe e do nosso pai, mas também do amor criativo de Deus, que dá a parte principal da criatura humana: a alma. De fato, sem a alma, o feto estaria morto e sem vida, não teria mais nenhuma chance. Porque foi Deus que nos deu a alma, que dá vida ao corpo, dizemos que Deus é o único dono de nossa vida.

Santo Antônio chama a alma humana de jardim de Deus[187], onde Cristo é o jardineiro e planta as sementes da fé, que vão produzir todas as virtudes. Mais um pensamento bonito: Deus interveio em minha existência, criando para mim uma alma. E deu como jardineiro de minha alma o próprio Cristo. Nem o pai biológico tem direito sobre esta vida, que é de Deus; nem a mãe biológica tem direito sobre o destino desta vida, porque ela pertence unicamente a Deus. Aos pais cabe o direito e a obrigação de cuidar desta vida e administrá-la em nome de Deus.

Santo Antônio tem tanto respeito para com a alma, que é a vida do corpo, que compara suas três grandes qualidades à Santíssima Trindade. As três grandes qualidades da alma são a inteligência (intelecto), a vontade e os sentimentos do coração. No sermão do XXIII Domingo de Pentecostes, ele escreve:

> "Assim como do Pai procede o Filho, de ambos procede o Espírito Santo, assim da inteligência procede a vontade, e de ambas procede a memória [ou seja, os sentimentos do coração]; e não pode haver alma perfeita sem estas três

---

187Prólogo, I, p. 4.

coisas; nem uma só, no que respeita à beatitude, fica íntegra sem as outras. E assim como Deus Pai, Deus Filho e Deus Espírito Santo não são três deuses, mas um só Deus, com três pessoas, assim também a alma-inteligência, a alma-vontade e a alma-memória [sentimento] não são três almas, mas uma só imagem de Deus. Através destas faculdades superiores somos obrigados a amar o Criador. Devemos retê-lo sempre na memória [do coração][188]".

Que a alma é criada por Deus para ser a vida do corpo, aprendemos da segunda página da Escritura. Em forma simbólica, sim, mas muito compreensível, a Bíblia nos conta que "Deus formou o ser humano do pó da terra, soprou-lhe nas narinas o sopro da vida e ele tornou-se um ser vivo" (*Gn* 2,7). A Bíblia nos quer dizer que todos e cada um de nós traz em si, em sua vida, o sopro de Deus. Todo o Antigo Testamento não se cansou de afirmar de muitos modos que Deus é a fonte da vida. Assim reza o Salmo 36,10: "Precioso é teu amor, Senhor! Em ti está a fonte da vida". Já o Antigo Testamento lembrava que é pela nossa alma que nós nos ligamos a Deus, de onde temos origem, e que, por isso mesmo, vivemos com eterna saudade do céu. O poeta francês Lamartine (1790-1869) tem um verso que diz, em resumo, assim: "Enquadrado em sua natureza, mas infinito em seus desejos, a criatura humana é um ser divino que vive em permanente saudade do céu". Por esta ligação de origem que temos com Deus, o Santo nos lembrava na festa da Anunciação que ninguém, nenhuma coisa por mais preciosa e maior

---

[188]Sermão do XXIII Domingo de Pentecostes, II, p. 602.

que seja, pode preencher a alma. Só Deus, que a criou, poderá enchê-la[189].

Falei da vida biológica, que recebemos de nossos pais, mas que só se torna verdadeiramente vida, no momento em que Deus infunde a alma, única para cada um e irrepetível. Disse que esta alma, que faz com que nosso corpo viva, pertence ao seu criador, Deus. Por isso ninguém tem direito de eliminá-la. Toda legislação que atentar contra ela é criminosa, ainda que aprovada por autoridade civil. Defender a vida não é uma questão da Igreja católica, é uma questão de justiça humana de todos os que creem em Deus como criador. Mas a Igreja católica, de modo muito especial porque seu fundador se definiu como sendo a Vida, e definiu sua vinda ao mundo para dar a vida em plenitude (*Jo* 10,10), a Igreja católica será sempre, quase por definição, defensora da vida. Se a Igreja deixar de defender a vida, deixará de ser a Igreja de Jesus Cristo.

Passo para o segundo ponto, a vida já não mais pensada biologicamente, mas pensada como crescimento humano, social, profissional, como a minha vida de padre, a vida sua como casado(a), a vida dos nossos trabalhadores. Esta vida não está separada da vida biológica, mas é bem mais vasta e abrangente. E aqui, sim, somos responsáveis por ela. Se não sou o dono da minha vida biológica, Deus me deu o encargo de cuidar dessa vida, fazê-la florescer e frutificar frutos de vida terrena, que podemos chamar de progresso e desenvolvimento. Sobre esta vida humana, como bem social, Igreja e Estado

---

[189]Segundo Sermão para a Anunciação, III, p. 407.

têm direitos e obrigações. Aqui, sim, entra a legislação que defende a vida familiar, tanto dos pais quanto dos filhos, em qualquer etapa de sua história.

Aqui o Estado deve garantir que todos tenham uma educação dentro dos parâmetros da nossa cultura, tenham profissionalização e trabalho digno, moradia e alimentação, formação correta de sua participação social e igualdade de condições de bem-estar. E não em último lugar uma formação para a justiça e a paz social, o planejamento familiar, o reto e dignificante uso de seu direito de pai e de mãe.

Passo para um terceiro sentido de vida. O primeiro foi a vida biológica: fruto do amor de nossos pais mais a intervenção pessoal e direta de Deus, infundindo a alma, que é a vida do corpo. Depois, a vida ao longo da existência, com suas etapas de infância, adolescência, madura e anciã, com seus desejos, trabalhos, profissionalização, casamento e realização como pessoa humana. Da primeira, lhes dizia que é propriedade de Deus. Da segunda, não deixando de ser propriedade de Deus, ela é protegida e desenvolvida pela sociedade, pela administração política, pela legislação que abrange os diferentes setores da sociedade. A terceira, sempre propriedade de Deus, realizada ou não como pessoa humana destinada à felicidade terrena, retorna ao seu Criador. É a vida eterna, não explicada nem prevista pelas ciências humanas, mas somente pela fé no Senhor Jesus: "Quem crê em mim terá a vida eterna" (*Jo* 3,36). "Eu vivo e vós vivereis" (*Jo* 14,19). Como é consoladora a palavra de Jesus na cruz, voltado para o bom ladrão:

"Eu te asseguro: ainda hoje estarás comigo no paraíso" (*Lc* 23,43). Nossa vida, saída do amor de Deus, retorna a Deus pela mão amorosa de Jesus. O sopro de Deus em nosso corpo mortal nos reveste de imortalidade e nós nos tornamos "participantes da natureza divina" (*2Pd* 1,4). No sermão da Páscoa, Santo Antônio se pergunta: "Que há de mais claro do que o ouro? Que há de mais límpido do que o cristal? Que há de mais claro e de mais límpido do que a alma do homem glorificado" [que volta para o seu criador?][190].

[190]Sermão para a Páscoa, I, p. 239.

23

Santo Antônio
e a vida nascente

Dedico este capítulo às mães grávidas, que pedem a proteção de Santo Antônio. E parto do elogio que Jesus recebeu de uma mãe anônima: "Bem-aventurado o ventre que te trouxe e os seios que te amamentaram!" (*Lc* 11,27). Santo Antônio comenta esta passagem e pede aos ouvintes que tornem doce e suave a voz, para poder louvar Maria com esta frase, porque Maria trouxe dentro de si o Filho de Deus. E continua o Santo: "Sim, bem-aventurado é o ventre da gloriosa Virgem, que mereceu trazer por nove meses todo o bem, o sumo bem, a felicidade dos anjos, a reconciliação dos pecadores"[191].

Elogiemos, pois Maria com voz doce e suave, porque "Aquela Virgem gloriosa foi preservada e cheia de graça singular, para que tivesse como fruto do seu ventre Aquele mesmo que, no início do universo, o universo inteiro já o tinha como seu Senhor"[192].

---

[191]Sermão para o III Domingo da Quaresma, I, p. 167.

[192]Sermão para o III Domingo da Quaresma, I, p. 168.

Nestas poucas frases de Santo Antônio, temos uma série de verdades: Maria, sempre Virgem, está grávida do Filho de Deus, que existiu já antes dos tempos, é o senhor do universo e é a origem e a soma de todos os bens, a quem servem os anjos, de quem as criaturas humanas esperam a reconciliação e a salvação.

Santo Antônio tinha razão ao pedir que tivéssemos uma voz feita de ternura e maciez para cantar os louvores de Maria. As mulheres grávidas, todas as mulheres sabem muito bem o que é falar com ternura para a criança nascente, a criança escondida no seio. Uma ternura que, quanto mais se expressa e se dá, maior parece. Louvo a maternidade! Louvo as mães! Louvo a alegria que sentem em trazer ao mundo uma nova criatura, já amada e querida por Deus antes de sua concepção.

Mães, tenham certeza de que, ainda antes de vocês começarem a amar o filho, Deus o amou e lhe traçou um destino eterno. Por isso mesmo Santo Antônio, diante da frase da mulher do Evangelho, acrescenta uma outra do Cântico dos Cânticos: "O teu ventre é como um monte de trigo, cercado de lírios" (Ct 7,2)[193]. De trigo, simbolizando o pão e todos os bens que a mãe deseja ao filho por nascer.

O trigo, para ser pão, passa pelo sofrimento do moinho. Se o Filho de Maria, o Sumo Bem, passou pelo Calvário, nossos filhos, ainda que revestidos de todos os bens e graças, passarão pela dor das inúmeras dificuldades, às vezes, triturados como trigo. Assim,

---

[193]Sermão para o III Domingo da Quaresma, I, p. 169.

porém, como do Calvário nasce a Páscoa, da angústia da nossa precariedade nascemos com um destino glorioso. Por mais amor que tenhamos aos filhos, não evitamos o vale de lágrimas, de que fala a oração da *Salve, Rainha*.

Na mesma aplicação que faz da frase do Cântico dos Cânticos a Maria grávida, Santo Antônio sublinha a segunda parte do verso: ventre cercado de lírios. Fica até bem mencionarmos lírios, falando de Santo Antônio, porque estamos acostumados a ver o nosso Santo cercado de lírios brancos e isto desde aquela terça-feira à tarde de 1231, em que foi sepultado em Pádua. Dizem as Crônicas do tempo que o povo chegava com braçadas de lírios brancos para depositar na sepultura de Frei Antônio, e os artistas porfiavam em lhe trazer lírios artísticos trabalhados em lâminas de ouro e prata.

O lírio tem o significado da pureza, isto é, do coração inteiramente voltado para Deus e dele dependente. O coração de Santo Antônio não conheceu desvios: pertenceu inteiro ao Senhor. No Sermão do XV Domingo de Pentecostes, Santo Antônio põe na boca de Deus estas palavras: "Dá-me a ti, e eu te darei a mim. Dá-me o coração, e ter-me-ás no coração. Reserva para ti todas as tuas coisas. Dá-me somente o coração"[194]. E Santo Antônio se deu inteiramente ao Senhor. Dar-se inteiramente ao Senhor e viver no dia a dia esta doação, é ser puro de coração. Quando aproximamos o lírio da pessoa de Maria, ou o colocamos no lugar em que ela se

---

[194]Sermão do XV Domingo de Pentecostes, II, p. 395.

encontra, ele simboliza, além da pureza, a virgindade, antes, durante e depois do parto. Talvez fosse por isso que Santo Antônio aplicou ao ventre de Maria a frase do Cântico dos Cânticos: Ventre cercado de lírios.

O lírio tem um largo simbolismo nas culturas antigas, inclusive no Antigo Testamento. Em muitas culturas é a flor predileta da deusa Lua, chamada muitas vezes de Deusa dos Lírios, talvez por causa da brancura do luar, quando ela percorre o céu escuro. A arte cristã, muitas vezes, viu na lua o símbolo da Mãe Maria, que recebe toda a luz do sol, que é o Cristo. Zeus, o deus olímpico da cultura grega, e Júpiter, o deus dos deuses da cultura latina, vinham sempre vestidos com um manto adornado com lírios, para indicar sua suprema divindade. Ora, a criança que Maria esperava era o Filho de Deus. É verdade que cada filho que vem ao mundo é filho de Deus, mas filho com f minúsculo, enquanto Jesus era e é Filho com F maiúsculo. O lírio nos deveria, então, recordar esta gostosa verdade: Deus é nosso Pai, nós somos seus filhos e temos, pelo fato de ser filhos de Deus, um destino eterno, ou, como diz São Pedro, estamos destinados a ser "participantes da natureza divina" (*2Pd* 1,4).

A Sagrada Escritura tem um novo e lindo simbolismo para o lírio: ele significa uma escolha especial de Deus para uma determinada e grande missão. O esposo do Cântico dos Cânticos, por exemplo, é descrito como um pastor num jardim de lírios (*Ct* 6,2-3). Os místicos vêm neste pastor, que apascenta lírios, a figura de Jesus Bom Pastor, com uma missão muito determinada: enviado pelo Pai para procurar, cuidar, curar e salvar as ovelhas perdidas. Todos estamos acostumados a ver as pinturas da Anunciação. O Arcanjo Gabriel se aproxima de Maria com um galho de lírios na mão, e isto porque ele vem trazer uma missão singular a Maria: ser a Mãe de Deus, a parceira de Jesus na história da salvação.

Depois de 30 anos, Jesus, no Sermão da Montanha ensinou: "Olhai como crescem os lírios. Nem Salomão com toda a sua glória se vestiu como um deles!" (*Mt* 6,28-29). A partir daquela observação de Jesus, o lírio tomou um novo simbolismo: representa a pessoa que confia na Providência divina e se abandona totalmente a ele. O próprio Santo Antônio é um exemplo de confiança no Senhor em todas as circunstâncias. Sabemos que o nosso Santo passou por muitas dificuldades. Lembremos que, apesar de sua estatura alta e corpulenta, sofreu fisicamente a vida inteira e foi vencido pela doença apenas aos 38 anos. Lembremos Maria, que confiou no Filho, mesmo quando o tinha morto nos braços. Que exemplo de confiança na palavra de Deus, que lhe afirmara que o Filho seria grande e seu reinado seria sem fim (cf. *Lc* 1,32-33).

Agora posso repetir a frase do Cântico dos Cânticos, que Santo Antônio aplica com tanta elegância e doçura a Maria: "O teu ventre é como um monte de trigo, cercado de lírios". De trigo, porque o Filho de Maria é como um grão que precisa ser sofridamente triturado para ser alimento de vida eterna. De lírios, porque ele era o Filho de Deus, Deus de Deus e luz da luz, como rezamos no Credo, que cumpriu fielmente a vontade do

Pai, ou seja, em momento nenhum desviou seu coração humano e divino da missão que o Pai lhe confiara. Lírios para o Menino nascente e lírios para a Mãe, que assumiu sua missão, sem medo do obscuro da fé, e meditava em seu coração e vivia, no dia a dia, todos os fatos que iam acontecendo com o filho (cf. *Lc* 2,51), ora aplaudido, ora perseguido, um dia condenado a morrer numa cruz e três dias depois ressuscitado triunfante sobre a morte.

Santo Antônio é invocado como protetor da vida nascente. Talvez o costume venha de uma profecia do Santo. Encontrava-se Frei Antônio em Puy, na França, onde existia (e ainda existe) um famoso santuário mariano consagrado a uma Virgem negra como Nossa Senhora Aparecida. Entrou Frei Antônio numa casa para pedir um favor. A dona estava grávida e pediu ao Frade que rezasse pelo filho que iria nascer. Frei Antônio prometeu a oração. Voltou mais tarde à casa e disse à senhora: "Pode alegrar-se e encher-se de esperança, pois o filho que vai nascer será frade e honrará muito a família e a Igreja". O menino nasceu e lhe deram o nome de Felipe. De fato ele veio a ser frade e grande pregador[195].

Depois da morte, e já famoso pelos milagres, Santo Antônio ajudou um casal sem filhos, que suplicava a graça de um bebê. O marido foi visitar o túmulo do Santo e prometeu: "Se me deres um filho, meu Santo Antônio, virei todos os anos visitar tua sepultura aqui em Pádua e trarei comigo o menino". A mulher concebeu e nasceu-lhe o filho desejado[196].

[195]Florinhas de Santo Antônio, III, p. 93.
[196]Florinhas de Santo Antônio, III, p. 119.

Não quero terminar sem lembrar a resposta que Jesus deu à mulher anônima que gritou do meio da multidão: "Bem-aventurado o ventre que te trouxe e os seios que te amamentaram!". Você tem razão, minha senhora. Mais felizes, porém, são os que ouvem a palavra de Deus e a põem em prática (cf. *Lc* 11,28). Acrescenta Santo Antônio: "Maria não só deve ser louvada por ter trazido no ventre o Filho de Deus, mas também porque realmente cumpriu os preceitos do Senhor"[197].

Normalmente todos nós conhecemos os preceitos de Deus. O problema não está no conhecer, mas no praticar. O difícil é transformar o conhecimento em prática. Todos sabemos que a vida é sagrada, pertence inteira a Deus. Dele a recebemos, a ele devemos devolvê--la. No entanto, um dos grandes desafios do mundo moderno é a defesa da dignidade e da sacralidade da vida. Proclamamos em todas as línguas o direito à vida, mas ousamos selecionar as pessoas que podem ou não podem ter esse direito. A liberdade é um direito de cada um. Porém, nossa liberdade termina onde começa o direito do outro, mesmo que este outro não tenha consciência de seus direitos.

Para terminar, volto ao comentário de Santo Antônio sobre o elogio da mulher anônima:

> "Na verdade, é bem-aventurado o seio, porque te trouxe a ti, Deus e Filho de Deus, Senhor dos Anjos, criador

---

197Sermão do III Domingo da Quaresma, I, p. 173.

do céu e da terra, redentor do mundo! A Filha trouxe o Pai, a Virgem pobrezinha trouxe o Filho! Ó querubins, ó serafins, ó anjos e arcanjos, adorai reverentemente e prostrados o templo do Filho de Deus, o sacrário do Espírito Santo, o bem-aventurado ventre de Maria cercado de lírios"[198].

[198] Sermão do III Domingo da Quaresma, I, p. 170.

24

Santo Antônio,
uma expressão de amor

Santo Antônio morreu numa sexta-feira, dia 13 de junho de 1231, em Arcella, hoje bairro da cidade de Pádua. Só foi levado ao centro da cidade e sepultado cinco dias depois, ao pôr do sol de uma terça-feira. O traslado foi um verdadeiro triunfo, porque ao amor que o Santo tinha por Pádua, os paduanos responderam com mais amor.

A primeira biografia do Santo, escrita menos de um ano depois da morte e por um Confrade que esteve presente no funeral, assim escreve:

"O Bispo da cidade com todo o Clero, o *Podestà* com grande número de cidadãos foram a Arcella e, organizadas as procissões, ao som de hinos, aplausos e cânticos religiosos, com o admirável júbilo de toda a gente, transportaram o corpo do bem-aventurado Antônio para a Igreja de Santa Maria, Mãe de Deus. Formou-se um cortejo enorme que, por causa da multidão, não podia atravessar a cidade todos juntos. Todos que podiam carregavam velas acesas. Era tanta a profusão de luzes que, [anoitecendo], a cidade inteira parecia arder abrasada em fogo"[199].

O corpo foi sepultado, mas o povo varou a noite e o dia seguinte e os dias seguintes. Povo anônimo, chegado de todas as partes até onde se espalhara a notícia da morte do Santo. Conta a mesma biografia que o povo chegava com braçadas de flores, sobretudo de lírios, lírios naturais e lírios trabalhados por artistas em ouro, prata e outros metais preciosos. E já então, a terça-feira – dia do sepultamento – ficou sendo o dia de Santo Antônio.

Dou um salto na história. Vamos juntos a Roma. 13 de junho de 1670. O nosso Padre Antônio Vieira estava em Roma e pregou o sermão da festa na Igreja de Santo Antônio dos Portugueses. Um sermão extraordinário, longo, em que propõe aos cristãos do mundo inteiro pedir ao Papa dar a Santo Antônio o título de Magno ou de Máximo; e argumenta com os milagres do Santo, bem maiores – no dizer de Vieira – que os milagres feitos por Jesus Cristo. E Vieira provou que não estava dizendo tolice.

Mas o que eu queria acentuar é o trecho em que ele conta ser então tradição em Roma, todas as terças-feiras, desde a madrugada até o meio-dia, o povo numeroso subir de joelhos os 365 degraus que levam do pé do Capitólio à Igreja de Araceli, dos Franciscanos, para venerar Santo Antônio. E diz Vieira que não se sabia se concorriam mais homens ou mais mulheres. E diz ainda Vieira que a procissão era tamanha que alguns

---

[199]*Vida Primeira* (Assídua), I, p.66

párocos foram ao Papa dizer que era um escândalo tanta devoção a um santo só[200]. Ao incomensurável amor de Santo Antônio pelo povo, pelo povo bom, simples e piedoso, o povo respondia com aquele incontrolado amor das procissões sem fim. Amor com amor se paga! Faço agora um salto geográfico. Vamos juntos a Salvador, BA. 13 de junho de 1638. A Missa celebrava-se em agradecimento a Santo Antônio, a quem o povo atribuía a libertação da cidade da invasão holandesa. Mas os holandeses calvinistas ainda continuavam no Nordeste e Vieira recordava a Santo Antônio as igrejas, ermidas e símbolos religiosos, que os calvinistas costumavam destruir. E pede ao Santo ajuda para libertar aquela região do Brasil. Leio parte do apelo, porque mostra o quanto e até onde o nosso Santo Antônio era venerado:

> "Lembrai-vos, glorioso Santo, dos muitos templos e altares em que éreis venerado e servido naquelas cidades, naquelas vilas, e em qualquer povoação, por pequena que fosse, e que nos campos e montes, onde não havia casa só vós a tínheis. Lembrai-vos dos empenhos e grandiosas festas com que era celebrado o vosso dia, e, sobretudo da devoção e confiança com que a vós recorriam em suas perdas particulares, e do prontíssimo favor e remédio com que acudíeis a todos"[201].

Faço outro salto. Vamos à Albânia, país pouco conhecido no Brasil, país geograficamente pequeno com apenas três milhões de habitantes. O país que mais

---

[200]*Santo Antônio, Luz do Mundo*, op. cit., p. 276.
[201]*Santo Antônio, Luz do Mundo*, op. cit., p. 60.

sofreu sob o jugo comunista. Dois terços da população são muçulmanos. Do outro terço, metade são católicos e metade são da igreja ortodoxa. Ora, na cidade de Laç, no alto de uma colina, havia um santuário de Santo Antônio, muito visitado às terças-feiras. Os comunistas arrasaram o Santuário, carregaram todas as pedras e transformaram a colina num pasto de vacas.

Estive lá em missão oficial da Ordem Franciscana logo depois da queda do regime comunista e vi com meus olhos a desolação e ouvi com meus ouvidos a narração de como os Frades foram esquartejados e pendurados nas árvores da praça. Quando nós Frades perguntamos ao povo o que podíamos fazer de concreto e de imediato, foi unânime a resposta: "Reconstruam o Santuário de Santo Antônio!" O Santuário foi reconstruído e na sua inauguração não se distinguiam católicos, muçulmanos e ortodoxos. Todos festejavam o retorno do Santo e do lugar sagrado para eles. Voltaram, e católicos e muçulmanos e ortodoxos, a subir a colina do Santo todas as terças-feiras, para agradecer, pedir e sentir-se protegidos pelo glorioso Santo do povo.

Se estamos falando de Santo Antônio como uma imensa expressão de amor, devemos lembrar que ele, no Brasil, é o santo dos namorados. Celebra-se, na véspera da sua festa, o dia dos namorados, enquanto a Europa inteira celebra os namorados na festa de um obscuro São Valentim, no dia 14 de fevereiro, um santo de que apenas se sabe que morreu mártir em torno do ano 270. Por que os namorados brasileiros escolheram Santo Antônio como seu padroeiro? É tradição muito antiga do mundo português. Poetas, trovadores e cancioneiros líricos cantam Santo Antônio casamenteiro. As crônicas civis do tempo contam que ele saiu em defesa do direito de todas as moças se casarem e conseguiu da Autoridade civil a revogação do decreto que permitia o matrimônio e a maternidade só às moças que podiam pagar o dote, ou seja, uma soma em dinheiro ou em bens ao possível sogro. Em outras palavras, Antônio saiu em defesa da igualdade de direitos de todas as moças, indistintamente se ricas, se pobres. Porque o amor é direito de todos. Ao Santo que defendeu o direito de amar, os namorados vêm consagrar o seu amor, vêm pedir as bênçãos para o incerto amanhã, vêm suplicar segurança na futura vida matrimonial.

Os contemporâneos de Santo Antônio são unânimes em afirmar que ele amava a todos e não discriminava ninguém[202]. Mas sempre lembrava aos ricos a obrigação de repartir suas posses com os pobres. É uma questão de justiça – ensinava ele – mas é também uma questão de amor fraterno. Aos apegados às riquezas dizia que "só lhes pertencia o que pudessem levar consigo na hora da morte"[203].

---

[202]Diz, por exemplo, a Legenda *Benignitas*: "Jamais se deixava aliciar por influências de poderosos ou subornar por lisonjas interesseiras nem tampouco sensibilizar por aplausos do público. Pelo contrário, quer se dirigisse a auditórios distintos quer vulgares, invariavelmente expunha a doutrina com a mesma isenção, atingindo a todos com os dardos da verdade. O servo do Senhor, com a chama da palavra fascinante, ardente, incandescente, aquecia e queimava os corações dos ouvintes, estivessem eles apenas mornos e entorpecidos, ou já enregelados e tenebrosos" (II, p. 20).

[203] Sermão para o XI Domingo depois de Pentecostes, II, p. 271.

25

Santo Antônio, luz do mundo

Num famoso discurso pronunciado em Roma, na festa de Santo Antônio de 1671, o Padre Antônio Vieira comentou o fato de ter o Santo nascido em Lisboa e morrido em Pádua. Tinha de ser assim, comentou Vieira, porque Santo Antônio, sendo luz do mundo, devia comportar-se como o sol, que nasce de uma parte e, depois de haver iluminado céus e terra, morre na outra[204].

E mais: como foi Antônio outro Cristo em terra, bem pôde acontecer com ele o que aconteceu com Jesus, que nasceu em Belém e morreu em Jerusalém. E nós acrescentamos: Belém e Jerusalém se tornaram pequenas para o Senhor Jesus, porque nascera para ser a luz do mundo e iluminar todos os povos (*Jo* 8,12 e *Lc* 2,32). Também Santo Antônio não ficou apenas de Pádua ou de Lisboa, mas nasceu para ser, como disse o Papa Leão XIII, o Santo do mundo inteiro, destinado a brilhar não apenas durante o dia, como o sol,

---

[204] *Santo Antônio, Luz do Mundo*, op. cit., p.281.

mas, e, sobretudo, durante a noite, nas horas tenebrosas da angústia e da dor, do desespero e da necessidade.

Conheci mais de cem países. Entrei em milhares de Igrejas grandes e pequenas. Nunca, nem no Ocidente nem no Oriente, deixei de encontrar numa igreja católica um altar ou um nicho dedicado a Santo Antônio. Não digo novidade. Em 1982, o Papa João Paulo II dizia no sermão que fez em Pádua:

> "Sem excluir nem preferir ninguém, a santidade alcançou patamares de excepcional altura, impondo-se a todos com a força dos exemplos e levando o seu culto à máxima expansão no mundo. Efetivamente, no mundo católico, torna-se difícil encontrar uma cidade ou um povoado onde não haja ao menos um altar ou uma imagem do Santo"[205].

Santo nenhum, afora a Virgem Maria, é assim venerado. Acima dos Apóstolos, porque Santo Antônio é muito querido também pelos muçulmanos. As mulheres muçulmanas o invocam como o protetor na gravidez. Ele, que é representado com o Deus da vida nos braços, é por elas invocado como bênção para a vida nascente.

Na Carta Apostólica em que Santo Antônio é proclamado doutor da Igreja, já na primeira frase se lembra: "Exulte, Portugal, exulte Pádua, porque a terra e o céu vos deram um homem que, qual astro luminoso, não menos brilhante pela santidade da vida do que pelo esplendor da doutrina, iluminou e continua a iluminar

---

[205]AAS 74 (1982), 1152-1153.

todo o universo"[206]. Cai bem para Santo Antônio o título de Luz do mundo. Desde que Jesus se autodefiniu 'Luz do mundo', luz passou a ocupar um lugar central no Cristianismo: "Eu sou a luz do mundo e darei a quem me seguir a luz da vida" (*Jo* 8,12). Os cristãos foram chamados por São Paulo de "filhos da luz" (*Ef* 5,8). Jesus foi ainda mais claro: "Vós sois a luz do mundo" (*Mt* 5,14) e pediu que não nos metêssemos debaixo da cama, mas num candelabro, para iluminar a todos.

Santo Antônio não desenvolveu muito o tema da luz em seus sermões. Lembrou que Cristo é a luz dos nossos olhos[207], ou seja, devemos ver toda a criação à luz de Jesus. Tem também um longo comentário sobre a criação da luz, no início do Gênesis (1,3)[208]. Vai mais além da luz-luz e vê nela a sabedoria de Deus, que paira sobre toda a criação. Esta sabedoria, ensina o Santo, um dia se encarnou e se chamou Jesus de Nazaré. Por isso, ele pôde dizer: "Eu sou a luz do mundo". Esta luz, que é Jesus, coincide com a graça santificante[209], que afugenta e destrói as trevas do pecado. Sem a graça santificante, a criatura humana é um abismo de trevas e não tem condição de distinguir o bem do mal. Por isso, desde o início da criação, ela precisou da luz "para conhecer a dignidade de sua alma, para conhecer sua própria fraqueza, para distinguir entre o impuro e o

---

[206] Ministros gerais, *Antônio, homem evangélico*, FFB 1995, p. 36.
[207] Sermão para o I Domingo do Natal, III, p. 145.
[208] Sermão para a Septuagésima, I, p.18-20.
[209] Sermão para o IX Domingo de Pentecostes, II, p.224.

puro, entre o dia e a noite[210]. Quem possui esta luz, quem dela está envolvido, vive a manhã do Senhor, ou seja, vive na candura das origens, sem a fuligem da maldição do pecado. No meio das explicações morais, Santo Antônio reza assim: "Rogamos-te, Senhor Jesus Cristo, que nos faças filhos da luz, nos libertes da queda do pecado e das tentações do diabo, para que possamos subir à glória da luz imarcescível"[211].

'Imarcescível' é uma palavra pouco usada no linguajar diário. Ela significa 'que não apodrece'. Imarcescível é a luz que envolve o Cristo na gruta de Belém, na cruz e na manhã de Páscoa. Imarcescível é a glória que envolve Santo Antônio em todos os tempos e em todos os recantos da terra. E isto porque "ele construiu sua vida sobre o Cristo"[212]. Não são, portanto, Jesus e Antônio dois luzeiros no céu da história. Antônio foi os olhos do Cristo, os ouvidos do Cristo, a boca evangelizadora do Cristo, o encanto e a graça do Cristo. Por isso invocam-no os pobres, chamando-o de amigo, para que ele alivie a dureza da vida cotidiana e ilumine os governantes responsáveis pela dignidade de vida de todos os cidadãos.

Invocam-no os empresários quando, sabendo que a felicidade não está na posse dos bens materiais, pedem a ajuda de Santo Antônio para uma boa administração de suas empresas e para encontrarem um justo equilíbrio entre trabalho e salário. Invocam-no os desesperados,

---

[210]Sermão para a Septuagésima, I, p. 19.

[211]Sermão para o IX Domingo de Pentecostes, II, p.225.

[212]Papa João Paulo II, Mensagem para o VIII centenário de nascimento de Santo Antônio.

os que já não veem caminho pela frente, certos de que Santo Antônio, capaz de encontrar coisas perdidas e roubadas, encontrará também solução para o desespero e para as causas difíceis.

Invocam-no os aflitos, com os olhos cheios de lágrimas, porque sabem que aquele que tem a força e a graça de carregar o Filho de Deus nos braços, tem também o dom de consolar e refazer a serenidade despedaçada do coração. Invocam-no os injustiçados e caluniados e explorados, porque sabem que Santo Antônio é o doutor da verdade, o advogado justo e vitorioso contra a injúria e a falsidade.

Invocam-no os rejeitados da sorte, os marginalizados da vida social, os humildes e humilhados, porque sabem que Santo Antônio se fez pobre e humilde para poder abraçar a todos e ser a força dos fracos, o alívio dos angustiados, a voz dos sem voz, a mão consoladora e também o acusador dos crimes contra a dignidade humana.

Invocam-no os que procuram a paz e veem em Santo Antônio o santo da reconciliação, amansador de ódios e prepotências, pacificador dos corações e das famílias, elo de bênçãos entre a terra e o céu.

Invoca-o a Igreja inteira como seu defensor e doutor. Invocam-no centenas de cidades e paróquias e milhares de comunidades, que o têm como padroeiro. Se não bastasse ser chamado 'Santo do mundo inteiro', a ladainha ainda o chama de 'Alegria da corte celeste'. Todos o invocam para que ele seja a luz dos nossos passos; o consolo na aflição; a firmeza na dúvida; a alegria na tristeza; o amor na indiferença; a unidade na divisão; a humildade na arrogância; a fidelidade a Deus e à Igreja na tentação da heresia e da rebeldia; a segurança nos perigos; a nossa proteção ontem, hoje, agora e sempre.

26

Santo Antônio no Brasil

O Brasil é o país que mais venera Santo Antônio. Desde a primeira colonização até hoje. É invocado por todas as classes sociais e muito celebrado pelo folclore, sobretudo, o junino. A devoção chegou ao Brasil com os primeiros franciscanos, como o grande missionário a ser imitado. Os jesuítas também viram em Santo Antônio o modelo do pregador, do intercessor, do catequista. Santo Antônio, santo português, saíra de sua terra para missionar a África. Os franciscanos e jesuítas saíram de Portugal para evangelizar o novo Continente.

Santo Antônio, portanto, chegou ao Brasil antes de tudo como modelo de missionário: pregador firme do Evangelho e das virtudes ensinadas por Jesus. A humildade, o desprendimento, a pobreza, a confiança em Deus no sofrimento, o espírito de reconciliação e de igualdade entre todos eram qualidades humanas e cristãs que Santo Antônio pregara e ele mesmo fora delas modelo de vida.

Mais: Santo Antônio tinha fama de achar as coisas perdidas ou roubadas e dar boa solução a causas quase impossíveis, de interceder nos negócios, de proteger as mulheres grávidas, de arranjar bons casamentos, de pacificar famílias brigadas, de proteger a vida de crianças e adolescentes, de curar vários tipos de doença, de levar a bom termo empreendimentos, de interferir no tribunal em benefício dos que não tinham advogado de defesa.

Havia já em Portugal o costume de escrever no reverso do envelope de uma carta as letras SATG, que significavam 'Santo Antônio te guie'. Santo Antônio tinha fama de levar as cartas ao seu destino. No Brasil ele se tornou, durante todo o Império, o padroeiro dos estafetas. Em viagens inseguras e cheias de peripécias, os estafetas precisavam, sem dúvida, de um santo poderoso e protetor. Eles, em compensação, foram dando o nome de Santo Antônio a rios de travessia perigosa, a serras, a pousos e a portos. Até hoje centenas de lugares tem o nome do Santo dados pelos estafetas, marcando sua passagem pelas brenhas do interior. Quando foi proclamada a República, havia no Brasil 705 "Agências de Correio" com o nome do Santo. Hoje são ao menos 15 dioceses que têm Santo Antônio como padroeiro, sem esquecer as mais de 30 catedrais que levam seu nome e as bem mais de três centenas de paróquias que o celebram com muita solenidade no dia 13 de junho. Quem poderá contar as casas comerciais, bares, ruas, padarias e mercadinhos que trazem o nome de Santo Antônio?

O maior monumento histórico do Brasil, o Convento Santo Antônio do Largo da Carioca no Rio de Janeiro, já comemorou seus quatrocentos anos de existência e tem-se memória de todas as trezenas nele celebradas, com tanta devoção e apego que alguns pensam que ali esteja sepultado Santo Antônio. O Convento esteve tão envolvido na campanha da independência do Brasil que, pode-se dizer, foi o centro da preparação da independência. Santo Antônio do Largo da Carioca entrou na história brasileira como defensor da cidade contra a invasão francesa de 1710. Até hoje podemos admirar no frontispício do Convento a imagem de Santo Antônio, que encabeçou a tropa brasileira contra os invasores e os derrotou. A imagem de Santo Antônio do Largo da Carioca é portadora de várias condecorações e insígnias, inclusive da Gran Cruz da Ordem de Cristo, que Dom João VI lhe concedeu em agosto de 1814.

Santo Antônio galgou vários postos no exército brasileiro. Chegou à República com o título e o soldo de Tenente Coronel. É longa e heroica a história da presença de Santo Antônio no meio da tropa brasileira e o carinho que os soldados lhe dedicavam e a proteção segura que dele esperavam em todas as circunstâncias. Muitos batalhões o tinham como patrono, chegando até a revestir a imagem do Santo vestida com o burel de Frade da farda e armaduras militares.

Como Santo Antônio morreu num dia 13, desde sempre sua festa é preparada com trezena de dias e não com novena como acontece com os outros santos. E como seu sepultamento aconteceu em terça-feira, a terça passou a ser seu dia, o dia de sua bênção. A bênção de Santo Antônio tem ritual próprio: misto de ação de graças, pedido e exorcismo. O exorcismo sempre esteve ligado à bênção do Santo. O padre traça sobre a pessoa ou sobre a comunidade o sinal da cruz dizendo: "Esta é a cruz do Senhor, afastem-se para longe de vós todos os inimigos da salvação, porque venceu a morte e o pecado o leão da tribo de Judá, o Filho de Davi, Jesus Cristo Nosso Senhor!". O inimigo da salvação é, sobretudo, o demônio, mas é também toda espécie de maldade, maldição e desgraça.

Ligada à bênção de Santo Antônio hoje está o Pão de Santo Antônio. Trazido pelos fiéis, abençoado com fórmula especial, partilhado com todos e levado aos doentes. Santo Antônio sempre esteve do lado dos pobres e necessitados. O costume, porém, de abençoar os pães se difundiu depois da primeira guerra mundial, quando a fome devastou a Europa. Os franciscanos transformaram as portarias dos Conventos em atendimento aos famintos. Convidavam aos que possuíam bens a reparti-los, distribuindo alimentos e roupas. O costume se difundiu por toda a Europa. Muitas famílias foram salvas. Em muitos lugares a mão benfeitora de Santo Antônio era visível e a colaboração de todos permitiu até mesmo construir orfanatos e escolas de aprendizado profissional. Os missionários que acompanharam as famílias dos italianos, alemães e poloneses para o Brasil no século atrasado e passado, trouxeram o costume, que se juntou à já grande devoção popular a Santo Antônio. O Santo, que era invocado como 'pai dos pobres', torna-se modelo de partilha e mútua ajuda comunitária.

Santo Antônio entrou para o folclore brasileiro. Está entre os santos juninos (com São João e São Pedro), das festas ao ar livre, com fogueiras, fogos, cantos, danças, bebidas e comilanças típicas da época. Por conta de ser o santo casamenteiro, introduziu-se até o casamento caipira, com muito respeito, imaginação e graça. É verdade que nosso Santo foi e é vítima de superstições e crendices. Provam-no as muitas 'correntes' deixadas nos bancos das igrejas, dando certeza absoluta de atendimento dentro de tantos e tantos dias. Ou novenas mágicas, envolvendo as sandálias ou o cordão do Santo. Também no Candomblé, Santo Antônio ganhou nome africano e é invocado em situações difíceis, doenças e negócios. De uma coisa é certa: no Brasil não há santo mais popular e mais querido do que Santo Antônio.

Perto das imagens de Santo Antônio mais veneradas, há sempre um velário, onde se queimam velas a ele oferecidas. O costume vem desde o dia de seu sepultamento. O cortejo, saído da periferia de Pádua, onde morrera, entrou na cidade já de noite e diz a crônica do tempo "todos os que podiam segurar velas acesas levavam-nas nas mãos. E era tanta a profusão de luminárias que a cidade inteira parecia arder abrasada em fogo"[213]. A vela acesa simboliza o Cristo ressuscitado e lembra a vitória de Jesus e dos santos sobre a treva do pecado e da morte. Serve de lembrete para que andemos na luz de Cristo. Alguns velários em homenagem a Santo Antônio não chegam a se apagar pelo Brasil afora: queimam dia e noite, recordando que o Santo é 'astro luminoso', na expressão do Papa Pio XII, para todos os que o invocam.

---

[213]*Vida Primeira*, I, p. 66.

Para terminar, lembro um hino baiano a Santo Antônio, cuja primeira estrofe soa assim: "Não é só Lisboa e Pádua / Que lhe cantam hinos mil. / Também canta sua glória / O coração do Brasil".

Bula de Canonização de Santo Antônio

Gregório, Bispo
Servo dos Servos de Deus[214]

Aos veneráveis irmãos Arcebispos e Bispos e aos diletos filhos Abades, Priores e outros Prelados da Igreja, que lerão a presente carta, saúde e bênção apostólica.

O Senhor, ao dizer pelo Profeta: "Entregar-vos-ei todas as nações para louvor, glória e honra" (*Sf* 3,20) e, por si próprio, ao prometer que os justos brilharão como o sol na presença de Deus (*Mt* 14,43), quer significar que é piedoso e justo que louvemos e glorifiquemos na terra com a nossa veneração aqueles a quem Deus coroa e honra no céu com o mérito da santidade. Aquele que é eternamente digno de louvor e glória (*Dn* 3,45) torna-se mais louvado e glorificado nos seus santos.

De fato, Deus, para manifestar de forma admirável o poder da sua força e realizar com misericórdia a causa da

---

[214]Trata-se do Papa Gregório IX. Foi papa de 1227 a 1241. Como bispo de Óstia e cardeal, ligou-se muito a São Francisco e a São Domingos, sendo mesmo o protetor das duas Ordens nascentes. Canonizou, em 1228, São Francisco e pôs pessoalmente a pedra fundamental da Basílica patriarcal de Assis, a mesma basílica existente até hoje, onde se guardam os restos mortais do Santo de Assis. Em 1234, canonizou também São Domingos. Em 1235, canonizou Santa Isabel da Hungria, a primeira santa da Ordem Franciscana Secular. Teve um papado tumultuado por desencontros com o imperador Frederico II.

nossa salvação, coroa sempre no céu os seus fiéis e, com frequência, também os honra neste mundo, realizando sinais e prodígios que os tornam memoráveis. Por tais sinais e prodígios é confundida a maldade herética e confirmada a fé católica. Os fiéis, sacudida a tibieza espiritual, despertam para o cumprimento das boas obras; os hereges, removida a caligem das trevas em que se encontram envolvidos, abandonam os caminhos da perdição e retomam o caminho da salvação; os judeus e os pagãos, conhecida a verdadeira luz, correm ao encontro do Cristo, luz, caminho, verdade e vida (*Jo* 14,6).

Por isso, caríssimos irmãos, damos graças ao despenseiro de todas as graças, se não tantas quantas devemos, pelo menos quantas de que somos capazes. É que em nossos dias, para confirmação da fé católica e confusão da maldade herética, Deus visivelmente renova os sinais e emprega com poder as maravilhas, fazendo brilhar por meio de milagres aqueles que robusteceram a fé católica com o ardor das suas convicções, com a eloquência da sua palavra e o exemplo da sua virtude.

No número destes acha-se o bem-aventurado Antônio, da Ordem dos Frades Menores, de santa memória. Enquanto viveu no mundo, possuiu grandes méritos. Agora, vivendo no céu, brilha com muitos milagres, que demonstram de forma evidente a sua santidade.

Há tempos, o nosso venerável irmão, o Bispo de Pádua, e os nossos amados filhos, o Presidente e os Vereadores do Município, mediante legados seus e cartas cheias de humildade, suplicaram-nos que mandássemos recolher testemunhos dos milagres do Santo, a quem o Senhor concedeu tamanha glória, a ponto de lhe dar a ciência da sua primeira estola imortal e evidente experiência da segunda, concedendo que no seu túmulo se realizassem grandes milagres. Assim, ele é digno de que sejam invocados os seus sufrágios entre os demais santos.

Embora para algum santo estar junto de Deus, na Igreja triunfante, baste só a perseverança final, conforme o que se lê: "Sê fiel até a morte e dar-te-ei a coroa da vida" (*Ap* 2,10), todavia, para alguém ser considerado santo entre os homens, na Igreja militante[215], são necessários dois requisitos: a santidade da vida e a verdade dos sinais, ou seja, méritos e milagres. É necessário que estes dois requisitos se unam e se completem reciprocamente, dado que não bastam méritos sem milagres nem milagres sem méritos para dar aos homens o testemunho da santidade. Mas quando genuínos méritos precedem e evidentes milagres sucedem, então possuímos um indício seguro de santidade, que nos levam à veneração daquele que Deus mostra ser digno de ser venerado por méritos precedentes e milagres subsequentes. Estes dois fatos deduzem-se facilmente a partir das palavras do Evangelista: "Eles partiram e pregaram por toda a parte, cooperando com eles o Senhor, o qual confirmava a sua doutrina com os milagres que se lhe seguiam" (*Mc* 16,20).

---

[215] A Igreja, como 'Comunhão dos Santos', se compõe da Igreja militante (os vivos na terra), da Igreja padecente (os vivos no purgatório) e da Igreja triunfante (os vivos no céu).

Por isso, resolvemos encarregar de recolher os testemunhos dos milagres do mesmo Santo o citado Bispo e os diletos filhos Frei Jordano de São Bento e Frei João de Santo Agostinho, Priores dos dois Conventos dos Frades Pregadores de Pádua.

Há pouco tempo, porém, tanto pelo relatório dos citados Bispo e Priores, quanto pelos depoimentos de testemunhas recebidos sobre o assunto, certificamo--nos das virtudes de Antônio e dos seus milagres insignes. E tendo nós próprio, um dia, apreciado a sua santidade de vida e as maravilhas do seu ministério, pois viveu edificantemente algum tempo conosco, depois de instantes e renovadas súplicas dos citados Bispo, Presidente do Município e seus edis, mediante delegados seus e cartas, com o objetivo de inscrevermos no catálogo dos santos o bem-aventurado Antônio, a fim de que, por meio da nossa autoridade apostólica, como exige o ordenamento eclesiástico, fosse conferido na terra a digna honra a quem é honrado no céu, como se depreende dos sinais claros e argumentos evidentes.

Ouvido o conselho dos irmãos (Cardeais) e de todos os Prelados existentes na Sé Apostólica, chegamos à conclusão de que deveríamos inscrever no catálogo dos Santos aquele que depois da morte corporal mereceu estar com Cristo no céu. Se permitíssemos privar da devoção humana por mais tempo aquele que foi glorificado pelo Senhor, pareceria que de algum modo lhe tirávamos a honra e a glória que lhe eram devidas.

Portanto, segundo a verdade evangélica, ninguém deve acender o candeeiro e pô-lo debaixo do alqueire, mas sobre o candelabro, a fim de que todos os que estão em casa vejam a luz (*Mt* 5,15). Ora, o candeeiro do citado Santo de tal modo brilhou até agora neste mundo, que, por graça de Deus, já mereceu ser colocado, não debaixo do alqueire, mas sobre o candelabro.

Por isso, nós pedimos a todos, ardentemente vos admoestamos e exortamos, mandando por esta Carta Apostólica, que desperteis salutarmente a devoção dos fiéis a venerá-lo. Vós, portanto, celebrareis todos os anos no dia 13 de junho a sua festa e mandamos que ela seja solenemente celebrada, para que o Senhor, movido pela sua intercessão, nos conceda a graça no presente e a glória no futuro.

Desejando que o túmulo de tão grande Confessor, que ilustra toda a Igreja com os fulgores dos milagres, seja visitado com as devidas honras, a todos aqueles que verdadeiramente arrependidos e confessados e com a devida reverência visitarem todos os anos em sua festa e durante a oitava, confiados na misericórdia de Deus e na autoridade dos bem-aventurados Apóstolos São Pedro e São Paulo, concedemos benevolamente um ano de indulgência da penitência que lhes tiver sido imposta.

Dada em Espoleto, 11 de junho de 1232, ano sexto do nosso Pontificado.

Carta Apostólica em que Santo Antônio é proclamado Doutor da Igreja

Exulta, ó feliz Lusitânia; regozija-te, feliz Pádua, porque a terra e o céu vos deram um homem que, qual astro luminoso, não menos brilhante pela santidade da vida e pela insigne fama dos milagres do que pelo esplendor da doutrina, iluminou e continua a iluminar todo o universo!

Antônio nasceu em Lisboa, a primeira cidade de Portugal, de pais cristãos, ilustres por virtude e sangue. Pode deduzir-se de muitos e certos indícios que, desde os primeiros alvores da vida, foi abundantemente enriquecido pela mão do Onipotente com os tesouros da inocência e da sabedoria.

Ainda muito jovem, tendo vestido o hábito monástico entre os Cônegos Regulares de Santo Agostinho, durante onze anos dedicou-se com o maior empenho a enriquecer a sua alma com as virtudes religiosas e o seu espírito com a sã doutrina. Elevado depois à dignidade sacerdotal por graça do céu, enquanto vai aspirando à vida mais perfeita, os cinco Protomártires Franciscanos em missão de Marrocos consagram com seu sangue os princípios da Religião Seráfica. E Antônio, cheio de entusiasmo por triunfo tão glorioso da fé cristã, sentindo-se inflamado de vivíssimo desejo do martírio, (vestido o hábito franciscano), dirigiu-se contente numa nau a Marrocos e chegou felizmente às praias africanas.

Vítima, no entanto, pouco depois, de grave enfermidade, viu-se obrigado a retomar a nau para voltar à pátria. Desencadeando-se então formidável tempestade, e sendo levado para uma e outra parte nas asas do vento e das ondas, finalmente, por disposição divina, é arrojado ao mais remoto extremo da costa italiana. Dali, desconhecendo o lugar e as pessoas, pensou em dirigir-se à cidade de Assis, onde então se celebrava o Capítulo Geral da Ordem dos Menores.

Chegado ali, teve a dita de ver e conhecer o Seráfico Pai São Francisco, cujo dulcíssimo aspecto o encheu de consolação e o incendiou de novo ardor seráfico. Tendo-se divulgado mais tarde a fama da celestial doutrina de Antônio, o mesmo Seráfico Patriarca, ao tomar dela conhecimento, confiou-lhe o ofício de ensinar Teologia aos seus Frades, mandando-lhe este suavíssimo diploma: "A Frei Antônio, meu bispo, Frei Francisco deseja saúde. Apraz-me que ensines aos Frades a sagrada Teologia, contanto que neste estudo não extingas o espírito da santa oração e devoção, como na Regra se prescreve".

Antônio cumpriu fielmente o ofício do magistério, e deve considerar-se o primeiro professor da Ordem Franciscana. Ensinou primeiro em Bolonha, então primeira sede dos estudos; depois em Tolosa e, finalmente, em Montpellier, onde igualmente floresciam os estudos. Antônio ensinou a seus irmãos, recolhendo frutos abundantíssimos e, como lhe ordenara o Seráfico Patriarca, não deixou esmorecer o espírito da oração; antes o Santo de Pádua procurou instruir os seus discípulos não só com o magistério da palavra, mas ainda muito mais com o exemplo duma vida santíssima, conservando e defendendo especialmente o branco lírio da pureza virginal.

E Deus não deixou de lhe manifestar várias vezes quanto foi estimado pelo Cordeiro Jesus Cristo este amor que tinha à pureza. Efetivamente, enquanto Antônio estava rezando solitário na sua cela eremítica, todo absorto com o espírito em Deus e com os olhos voltados para o céu, eis que, de repente, num raio de luz lhe aparece o Divino Menino Jesus, cingindo-se ao colo do jovem franciscano, e com os seus bracinhos cumula de carícias o nosso Santo que, anjo em carne humana, arrebatado em suavíssimo êxtase, 'vai pascendo entre os lírios' (Ct 2,16) junto com os anjos e com o Cordeiro Divino.

Os autores coevos dão testemunho da muita luz que brilhou na doutrina de Antônio, aliada da pregação da palavra divina, e com eles os autores mais recentes que unanimemente celebram com altos louvores a sua sabedoria e exaltam até ao céu a sua robusta eloquência. Quem atentamente percorrer os "Sermões" do paduano, descobrirá em Antônio o exegeta peritíssimo na interpretação das Sagradas Escrituras e o teólogo exímio na definição das verdades dogmáticas, bem como o insigne doutor e mestre em tratar as questões de ascética e de mística – tudo o que, como tesouro da arte divina da palavra, pode prestar não pouco auxílio, especialmente aos pregadores do Evangelho, pois constitui rica mina de onde os oradores sacros podem extrair as provas, os argumentos oportunos para defender a verdade, impugnar os erros, combater as heresias e reconduzir ao reto caminho.

Ademais, como Antônio costumava confirmar as suas palavras com passos e sentenças do Evangelho, com pleno direito merece o título de "Doutor Evangélico". De fato, de seus escritos, como de fonte perene de água límpida, não poucos Doutores e Teólogos e oradores sacros têm extraído, e podem continuar a extrair, a sã doutrina, precisamente porque veem em Antônio o mestre e o doutor da Santa Mãe Igreja. Xisto IV, na sua Carta Apostólica *Immensa*, de 12 de março de 1472, escreve o seguinte:

> "O bem-aventurado Antônio de Pádua, como astro luminoso que surge do alto, com as excelentes prerrogativas dos seus méritos, com a profunda sabedoria e doutrina das coisas santas e com a sua fervorosíssima pregação, ilustrou, adornou e consolidou a nossa fé ortodoxa e a Igreja católica".

Igualmente Xisto V, na sua Bula Apostólica de 14 de janeiro de 1486, deixou escrito: "O bem-aventurado Antônio de Lisboa foi homem de exímia santidade... e cheio também de sabedoria divina".

Além disso, o nosso imediato predecessor Pio XI, de feliz memória, na sua Carta Apostólica *Antoniana Sollemnia*, publicada em 1º de março de 1931 por ocasião do sétimo centenário da morte do Santo e dirigida ao Exmo. Sr. D. Elias da Costa, então Bispo de Pádua e agora Cardeal da Santa Igreja Romana e Arcebispo de

Florença, celebrou a divina sabedoria com que este apóstolo franciscano se dedicou a restaurar a santidade e a integridade do Evangelho.

Apraz-nos também recordar da mencionada carta do nosso predecessor as seguintes palavras:

> "O taumaturgo de Pádua levou à sociedade do seu proceloso tempo, contaminada por maus costumes, os esplendores da sua sabedoria cristã e o suave perfume das suas virtudes... O vigor do seu apostolado manifestou-se de modo especial na Itália. Foi este o campo das suas extraordinárias fadigas. Com isto, porém, não se quer excluir outras muitas regiões da França, porque Antônio, sem distinção de raças ou de nações, a todos abençoava no âmbito da sua atividade apostólica: portugueses, africanos, italianos e franceses, a todos, enfim, a quem reconhecesse necessitados do ensinamento católico. Combateu depois com tal ardor e com tão feliz êxito contra os hereges, isto é, contra os Albigenses, Cátaros e Patarenos, na época enfurecidos quase por toda a parte a tentarem extinguir no ânimo dos fiéis a luz da verdadeira fé, que foi chamado com razão "martelo dos hereges".

Nem se pode calar aqui, pelo peso e importância que representa, o sumo elogio que Gregório IX tributou ao Paduano, depois de ouvir a pregação de Antônio e comprovar o seu admirável viver, chamando-o "Arca do Testamento" e "Arsenal das Sagradas Escrituras".

É igualmente mui digno de memória que, a 30 de maio de 1232, onze meses apenas depois da sua morte, o taumaturgo de Pádua seja inscrito no Catálogo dos Santos, e que, terminado o solene rito da canonização, o mesmo Gregório IX, segundo contam, tivesse entoado em voz alta, em honra do novo Santo, a antífona própria dos Doutores da Igreja: "Ó grande Doutor, luz da Santa

Igreja, Bem-aventurado Antônio, amante da lei divina, rogai por nós ao Filho de Deus!"

Foi este precisamente o motivo por que desde o primeiro momento se começou a tributar na sagrada liturgia a Santo Antônio o culto próprio dos Doutores da Igreja, e no missal, "segundo o costume da Cúria Romana", se pôs em sua honra a missa dos Doutores. Esta missa, mesmo depois da correção do calendário, introduzida pelo Pontífice São Pio V em 1570, nunca deixou de se usar até nossos dias em todas as famílias franciscanas e nos cleros das dioceses de Pádua, de Portugal e do Brasil.

Pela mesma razão de tudo quanto até agora temos dito, logo depois da canonização de Antônio, se impôs o costume de apresentar à veneração do povo cristão, na pintura e na escultura, a imagem do grande apóstolo franciscano, levando em uma das mãos ou perto um livro aberto, índice da sua sabedoria e da sua doutrina, e tendo na outra uma chama, símbolo do ardor da sua fé.

Por isso, a ninguém deve admirar que não somente toda a Ordem franciscana, em especial por ocasião dos seus Capítulos Gerais, mas também muitas ilustres personagens de todas as classes e condições tenham exprimido muitas vezes o vivo desejo de ver confirmado e estendido a toda a Igreja o culto de Doutor, desde há séculos tributado ao Taumaturgo de Pádua.

Estes desejos intensificados principalmente por ocasião do sétimo centenário da morte de Santo Antônio, em vista também das honras extraordinárias a ele tributadas, a Ordem dos Frades Menores, primeiro ao nosso imediato predecessor Pio XI e, recentemente, também a Nós, apresentou súplicas ardentes para que contássemos Antônio entre os Santos Doutores da Igreja.

E como para exprimir o mesmo desejo concorre também o sufrágio tanto de muitos Cardeais da Santa Igreja Romana, de Arcebispos e Bispos, de Prelados, Ordens e Congregações religiosas, como de outras doutíssimas personagens eclesiásticas e seculares e, finalmente, de mestres de Universidades, instituições e associações, julgamos oportuno confiar ao exame da Sagrada Congregação dos Ritos assunto de tanta importância.

Esta Sagrada Congregação, mostrando-se, como costuma, disposta a seguir as Nossas ordens, elegeu uma Comissão especial e oficial, para que fizesse exame cuidadoso da proposta. Pedido, pois, e obtido em separado e depois dado à estampa o voto de cada um dos comissionados, não faltava mais que interrogar os membros da Sagrada Congregação sobre se, dadas as três condições que o Nosso predecessor Bento XIV requer no Doutor da Igreja universal, isto é, santidade insigne, eminente doutrina celeste e declaração pontifícia, julgava que se podia declarar Santo Antônio Doutor da Igreja universal.

Na sessão ordinária celebrada no Vaticano a 12 de junho de 1945, os Eminentíssimos Cardeais encarregados dos assuntos da Sagrada Congregação dos Ritos, depois que o Nosso amado filho Rafael Carlos Rossi, Cardeal-Presbítero, Secretário da Sagrada Congregação Consistorial e relator desta causa, fez sobre ela o devido relatório, e depois de ter ouvido o parecer do Nosso amado filho Salvador Natucci, Promotor Geral da Fé, deram o seu próprio assentimento.

Estando assim as coisas, Nós, por Nossa espontânea e boa vontade, secundando o desejo de todos os Franciscanos e de todos os demais citados, pelo teor da presente carta, de ciência certa e com madura deliberação e com a plenitude do poder apostólico, constituímos e declaramos a Santo Antônio de Pádua, Confessor, Doutor universal da Igreja, sem que possam obstar as Constituições e Ordenações Apostólicas e qualquer outra coisa em contrário. E isto o estabelecemos, decretando que a presente carta deva ser e permanecer sempre firme, válida e eficaz, e surta e obtenha o seu pleno e inteiro efeito, que assim, e não de outra maneira se deva julgar e definir; como também, a partir deste momento, declaramos inválido e nulo tudo quanto porventura intente contra as preditas disposições qualquer pessoa ou autoridade por conhecimento ou por ignorância.

Dada em Roma, junto de São Pedro, sob o anel do Pescador, no dia 16 de janeiro, festa dos Protomártires Franciscanos, no ano de 1946, sétimo do nosso Pontificado.

Pio XII, Papa.

Alguns dados sobre Santo Antônio

1195: nasce em Lisboa. A data é aproximativa. Há autores que fixam seu nascimento em 1190. No Batismo, recebido na Catedral, vizinha à sua casa, lhe deram o nome de Fernando.

1209 ou 1210: termina os estudos secundários e entra no Mosteiro de São Vicente, dos Cônegos Regulares de Santo Agostinho.

1211 ou 1212: passa a viver em Coimbra, onde se especializa em estudos bíblicos.

1218 ou 1219: recebe a ordenação sacerdotal, em Coimbra.

1219: passam por Coimbra cinco religiosos franciscanos a caminho de Marrocos. Pouco depois, seus corpos martirizados no dia 16 de janeiro de 1220 retornam, por Coimbra, à Itália. O monge Fernando deixa os Agostinianos e entra na Ordem dos Franciscanos, para ser missionário na África.

1220: embarca como missionário para Marrocos. Adoece gravemente e é devolvido à Europa em março de 1221. Uma tempestade desvia o navio para a Sicília, na Itália. Recolhido pelos Frades, recupera a saúde e parte para Assis, para encontrar-se com São Francisco. Depois, vai trabalhar como hospedeiro e cozinheiro no pequeno convento de Montepaolo.

1222: pelo final do ano, começa sua vida missionária no norte da Itália e sul da França. Ensina Teologia aos Frades estudantes em Bolonha. Exerce o magistério também em Tolosa e Montpellier, na França. 1226: é eleito custódio do Sul da França.

1226, dia 3 de outubro: morre, em Assis, São Francisco.

1227: por ocasião do Capítulo de Pentecostes, Frei Antônio é eleito superior da província franciscana da Romagna-Emília, do norte da Itália. Cria fama de grande pregador, taumaturgo, defensor dos pobres e injustiçados. Sua chegada em cada cidade parava tudo: todos iam ouvi-lo pregar. Começa a redigir seus esquemas de sermões para os dias de domingo.

1228: prega os sermões quaresmais para o Papa Gregório IX e a Cúria romana. O Papa o apelida de "Arca do Testamento", por citar e aplicar com extrema facilidade e muita propriedade os textos da Sagrada Escritura.

1230: faz parte de uma Comissão de Frades que estuda a Regra e o Testamento de São Francisco, sobretudo no que se refere à pobreza. Redige os sermões festivos para o ano litúrgico. Adoentado, fixa residência em Pádua. Dedica-se ao confessionário e à pregação.

1231: no dia 15 de março o Município do Pádua assina um decreto de libertação dos presos por dívidas, a pedido de Frei Antônio, como vem expresso no próprio texto do decreto. Frei Antônio pregou em 1231 sua mais famosa Quaresma. Suas pregações tiveram que se prolongar até a festa de Pentecostes. Agrava-se sua saúde.

1231: depois da festa de Pentecostes, vai descansar no sítio de um amigo, em Camposampiero, não longe de Pádua. Em fins de maio de 1231, desloca-se para Verona para pedir a Ezzelino III a libertação de prisioneiros de guerra. Retorna a Camposampiero. No dia 13 de junho, sexta-feira, passa mal durante o almoço dos Frades. Pede para ser levado de volta a Pádua. Falece em Arcella, nas vizinhanças de Pádua. As crianças de Pádua, sem aviso prévio, saem pelas ruas, gritando: "Morreu o Santo! Morreu o Santo!"

No dia 17 de junho, TERÇA-FEIRA, é sepultado na igreja de Santa Maria, em Pádua, e o povo durante semanas não se afastou de sua sepultura. Nasce a devoção ao glorioso santo às terças-feiras.

1232: no dia 30 de maio, festa de Pentecostes, o Papa Gregório IX canoniza Santo Antônio, na Catedral de Espoleto, e manda que sua festa seja celebrada no mundo inteiro no dia 13 de junho.

1263: no dia 8 de abril, seu corpo foi exumado para ser posto na basílica levantada em sua honra. Presidiu a cerimônia o Ministro geral da Ordem Franciscana, Frei Boaventura de Bagnoregio, futuro São Boaventura, bispo e cardeal, místico e doutor da Igreja. No momento da exumação, encontrou-se intacta a língua de Santo Antônio, e intacta se conserva até hoje. Um autor contemporâneo a descreve como "fresca, rubra e bela, como se o Santo tivesse expirado naquele momento" (*Benignitas*). São Boaventura mandou colocar a língua do Santo num relicário.

1946, 16 de janeiro: o Papa Pio XII declara Santo Antônio doutor da Igreja.

1981: do dia 6 de janeiro a 15 de fevereiro o corpo do Santo passou por um reconhecimento rigoroso e oficial. De Santo Antônio restam o crânio, cabelos, ossos grandes e pequenos, o hábito. Verificou-se que as cartilagens do aparelho fonador continuavam incorruptas.

1995: celebrou-se no mundo inteiro o Oitavo Centenário de seu nascimento. Relíquias do Santo visitaram dezenas de países.

FSC
www.fsc.org

MISTO

Papel produzido
a partir de
fontes responsáveis

FSC® C132240

A marca FSC® é a garantia de que a madeira utilizada na fabricação do papel deste livro provém de florestas que foram gerenciadas de maneira ambientalmente correta, socialmente justa e economicamente viável.

Este livro foi composto com as famílias tipográficas Falkin Sans e ITC Stone Serif e impresso em papel Offset 70g/m² pela **Gráfica Santuário.**